高等院校经济学管理学精品规划教材

会计职业能力综合模拟实训

（第二版）

陆迎霞　主编

上海财经大学出版社

图书在版编目(CIP)数据

会计职业能力综合模拟实训/陆迎霞主编．—2版．—上海：上海财经大学出版社，2020.2

（高等院校经济学管理学精品规划教材）

ISBN 978-7-5642-3366-2/F·3366

Ⅰ.①会… Ⅱ.①陆… Ⅲ.①会计学-高等学校-教材 Ⅳ.①F230

中国版本图书馆 CIP 数据核字(2019)第 192331 号

□ 责任编辑 刘光本

□ 责编电话 021-65904890

□ 责编电邮 lgb55@126.com

□ 封面设计 张克瑶

会计职业能力综合模拟实训

（第二版）

陆迎霞 主编

上海财经大学出版社出版发行

（上海市中山北一路 369 号 邮编 200083）

网 址：http://www.sufep.com

电子邮箱：webmaster @ sufep.com

全国新华书店经销

上海叶大印务发展有限公司印刷装订

2020 年 2 月第 2 版 2020 年 2 月第 1 次印刷

787mm×1092mm 1/16 23.25 印张 595 千字

印数：4 001—8 000 定价：55.00 元

前言 PREFACE

实践教学环节不是零散的教学单元，要根据专业的特点，从培养学生社会实践能力的角度出发，对实训、实习、社会调查、毕业论文等实践性教学环节进行整体、系统的设计，明确各实践教学环节在总体培养目标中的作用，使实践能力的训练构成一个体系，与理论课程结合为一个有机的整体，并贯穿于人才培养的全过程。一个完备的实践教学体系，应体现循序渐进的要求，既要有基础性的实训，又要有综合性的实训；在规模上要有小、中、大，难度上要有低、中、高；在内容上，既要有基本要求，还要有更高要求。

为了适应综合性、高要求实践教学的需要，编写一本内容新颖、结构合理、体系科学、切合实际的会计综合实训教材，是当前社会经济发展的必然要求，也是应用型本科院校培养会计人才、进行教学改革的需要。基于上述考虑，我们编写了本教材。

全书共七章：第一章为模拟企业基本情况介绍，第二章为模拟实训的流程及要求，第三章为模拟实训的组织及评价，第四章为建账资料，第五章为记录及证明 20×5 年 12 月份经济业务发生的原始凭证，第六章为编制及分析财务报表的相关资料，第七章为科目汇总表及财务报表。

与其他版本的教材相比，本教材的特色与创新主要体现在：将企业会计实际工作的情景和流程引入实践教学中，真正实现了理论与实践相结合。使学生能够身处一个仿真的环境中，通过对业务活动所涉及的原始凭证资料的分析，判断业务活动的性质、类型，按照会计准则的要求，进行确认、计量和记录；会计期末，在结账、编制财务报表的基础上，一方面按照税法要求完成企业的纳税申报，另一方面按照企业管理当局的需要，完成对企业财务报表的分析，并出具财务分析报告。这是学生在掌握了一定的专业基础理论知识和基本操作技能的基础上运用多门课程知识和技能进行的一种综合实训，着重培养学生综合分析能力、解决实际问题的能力以及在实训过程中团结协作和组织管理的能力，形成专业的思维和方法。

本教材由山西大学商务学院陆迎霞副教授主编，负责确定教材内容、拟订写作大纲、组织编写工作，并对全书进行最后的总纂，由卢霞副教授、王晨讲师、郝艳华讲师、张霞讲师、安宁讲师和张晋侠讲师参编。具体分工如下：第一、第三、第四章由陆迎霞编写；第二章由陆迎霞、卢霞、郝艳华、张霞共同编写，其中建立会计账册和手工会计处理操作要求由陆迎霞编写，电算化会计处理操作要求由张霞编写，纳税申报操作要求由郝艳华编写，财务分析操作要求由卢霞编写；第五章由王晨、郝艳华、张霞、安宁整理编写，其中与材料领用、生产成本归集等业务有关的原始凭证由王晨编写，与材料采购、商品销售、纳税等业务有关的原始凭证由郝艳华编写，与其他业务有关的原始凭证由安宁编写；第六、第七章由陆迎霞、张晋侠编写。

由于编者才疏学浅，虽倾力投入，不足之处仍在所难免，恳请各位读者不吝赐教。

编　者

2020 年 2 月

目录 CONTENTS

第一章

模拟企业基本情况介绍

第一节　企业组织与生产经营情况

一、基本情况简介

1. 企业名称:祥瑞制造有限责任公司,成立于20×2年6月18日
2. 企业地址:南海市朝阳区朝阳东街66号
3. 企业类型:有限责任公司
4. 法人代表:李栋梁
5. 电话(传真):0561－69986559
6. 注册资金:500万元人民币
7. 企业纳税资格:一般纳税人;税务登记号:150113445672867
8. 经营范围:机床的生产加工、销售,货物运输
9. 企业代码:445672867
10. 开户银行及账号:

基本存款账户:中国工商银行南海市分行,账号267－50660526

一般存款账户:中国银行南内环支行,账号022－05387608

证券资金账户:申通证券公司,账号012－32800289

11. 占用土地面积:5 000平方米

二、机构设置及人员分布

公司共有职工109人。其中:总经理1人,生产副经理1人,业务副经理1人,财务会计部

门 6 人，综合办公室 7 人(行政办公室 3 人、车队 4 人)，人力资源部门 3 人，质量检验部门 3 人，采购部门 5 人，销售部门 8 人，机加工车间 35 人，装配车间 28 人，机修车间 8 人，仓库 3 人(材料库 1 人、外购半成品库 1 人、产成品库 1 人)。机构设置如下图所示：

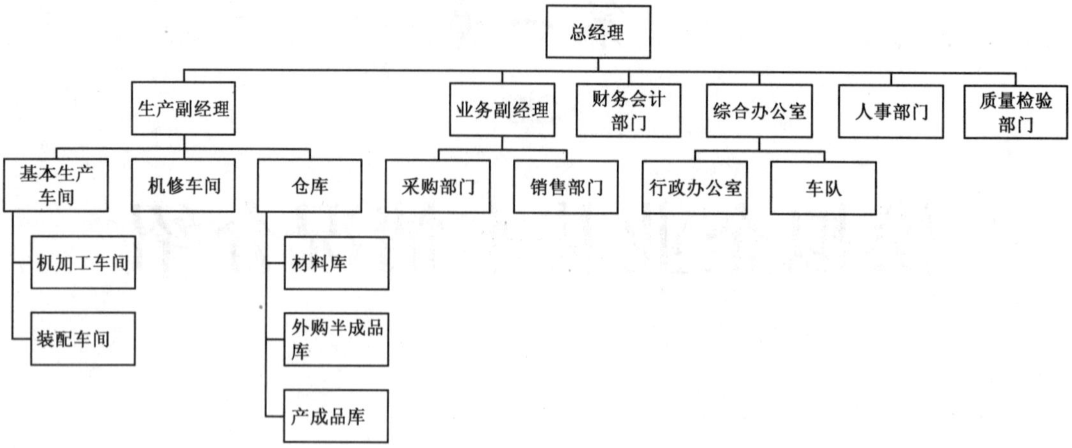

三、对外投资

1. 20×4 年 8 月，从上海证券市场购入阳光股份有限公司(简称：阳光股份)股票 1 万股，作为交易性金融资产核算；

2. 20×4 年 1 月，投资 100 万元取得了对伟业房地产公司的股权，在伟业房地产公司注册资本中所占的比例为 40%，对该公司的财务和经营政策具有重大影响。

四、产品及生产工艺流程

1. 产品名称：A 型数控机床和 B 型数控机床。

2. 生产工艺：该公司的产品由 2 个基本生产车间(机加工车间、装配车间)和 1 个辅助生产车间(机修车间)加工而成，机加工车间生产的半成品全部直接转入装配车间进行加工，不设自制半成品库。其工艺流程如下图所示：

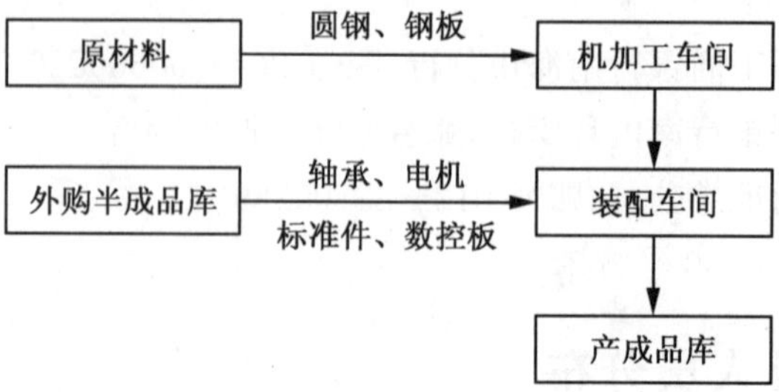

第二节　模拟企业财务会计机构设置及岗位分工

一、财务会计部门机构设置及人员

祥瑞制造有限责任公司设置独立的财务会计部门，统一负责公司的财务会计工作。共配备会计人员 6 人，其中，部门负责人 1 人，会计核算 4 人，出纳 1 人。具体分工情况如下表所示：

公司财务会计部门人员配备与分工

序　号	姓　名	岗　位
1	张　伟	部门负责人
2	张瑞英	总账、稽核、财务报表编制、会计档案保管
3	王　强	材料核算、债权债务核算
4	李　红	成本核算、职工薪酬核算
5	赵　龙	销售及利润核算、纳税申报
6	杨　杰	出纳、固定资产核算

二、财务会计部门的岗位分工

1. 部门负责人的岗位职责：负责部门全面工作，包括资金管理、财务分析、制订财务计划、参与公司经营决策、财务报表的审核、编写财务情况分析等。

2. 总账（兼任稽核、财务报表编制、会计档案保管）的岗位职责：(1)审核各项（包括材料、费用等）支出；(2)稽核；(3)登记总账编制财务报表；(4)记账凭证、账簿等会计资料和印鉴的保管。

3. 材料核算（兼债权债务核算）的岗位职责：(1)编制材料（包括外购半成品）采购、领用、清查等业务的记账凭证，登记材料有关明细账；(2)编制债权债务的记账凭证，登记债权债务相关明细账。

4. 成本核算（兼职工薪酬核算）的岗位职责：(1)编制费用发生、分配、结转等业务的记账凭证，编制费用分配表、产品成本计算表，登记相关费用、成本明细账；(2)编制职工薪酬计提、发放表，编制职工薪酬业务的记账凭证，登记相关明细账。

5. 销售及利润核算（兼纳税申报）的岗位职责：(1)编制销售业务的记账凭证，登记有关明细账；(2)编制附加税、所得税的计算表，编制各项应交税费的记账凭证，登记有关明细账；(3)编制损益结转、利润分配等业务的记账凭证，登记有关明细账；(4)编制各项纳税申报表，并进行纳税申报。

6. 出纳员（兼固定资产核算）的岗位职责：(1)负责现金收付、银行结算，编制与货币资金收付业务有关的记账凭证，登记现金日记账、银行存款日记账和现金流量表台账；(2)保管现金、有价证券、支票等；(3)编制与固定资产购建、折旧、清理等业务有关的记账凭证，登记固定资产相关明细账。

第三节　模拟企业账务处理程序及企业采用的会计政策、会计估计

一、账务处理程序

祥瑞制造有限责任公司采用科目汇总表账务处理程序。

1. 根据原始凭证或汇总原始凭证编制记账凭证(统一为记账凭证，不分收款、付款和转账凭证)；

2. 根据记账凭证逐笔登记现金日记账和银行存款日记账；

3. 根据原始凭证、汇总原始凭证和记账凭证登记各种明细分类账；

4. 根据记账凭证编制科目汇总表(按月编制)；

5. 根据科目汇总表登记总分类账；

6. 期末，现金日记账、银行存款日记账和明细分类账的余额同有关总分类账的余额核对相符；

7. 期末，根据结账后的总分类账和明细分类账的记录，编制财务报表。

具体处理程序如下图所示：

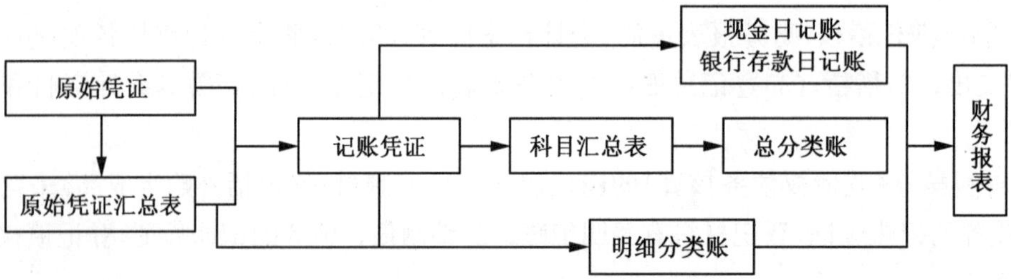

本公司期间损益的结转采用“账结法”计算利润，即在平时每月结账时，损益类各账户的净发生额需转入“本年利润”账户。

年末，将“本年利润”账户的余额转入“利润分配——未分配利润”账户。如“本年利润”账户为贷方余额，则转入“利润分配——未分配利润”账户的贷方；如“本年利润”账户为借方余额，则转入“利润分配——未分配利润”账户的借方。

二、企业采用的会计政策、会计估计

(一)会计核算的基本要求

1. 会计准则

执行《企业会计准则》和《企业会计准则——应用指南》及其补充规定。

2. 会计年度

会计年度自公历 1 月 1 日起至 12 月 31 日止。

3. 记账本位币

记账本位币为人民币。

4. 记账基础

会计核算以权责发生制为记账基础。

(二)金融工具的确认与计量

1. 金融资产和金融负债的分类

金融资产划分为三类:以公允价值计量且其变动计入当期损益的金融资产、以公允价值计量且其变动计入其他综合收益的金融资产、以摊余成本计量的金融资产。

金融负债划分为以下两类:以公允价值计量且其变动计入当期损益的金融负债、其他金融负债。

2. 金融资产和金融负债的初始确认和计量

企业成为金融工具合同的一方时,应当确认一项金融资产或金融负债。初始确认金融资产或金融负债时,按照公允价值计量;对于以公允价值计量且其变动计入当期损益的金融资产或金融负债,相关交易费用应当直接计入当期损益;对于其他类别的金融资产或金融负债,相关交易费用应当计入初始确认金额。企业取得金融资产所支付的价款中包含的已宣告但尚未发放的现金股利或已到付息期尚未支付的债券利息,应当单独确认为应收项目。

3. 金融资产和金融负债的后续计量

以公允价值计量且其变动计入当期损益和其他综合收益的金融资产、以公允价值计量且其变动计入当期损益的金融负债,应当按照公允价值进行后续计量。以公允价值计量且其变动计入当期损益的金融资产和金融负债公允价值变动形成的利得或损失,应当计入当期损益。

以公允价值计量且其变动计入其他综合收益的金融资产公允价值变动形成的利得或损失,应当直接计入所有者权益,在该金融资产减值或终止确认时转出,计入当期损益。

以摊余成本计量的金融资产和其他金融负债采用实际利率法,按摊余成本进行后续计量。实际利率法,是指按照金融资产或金融负债(含一组金融资产或金融负债)的实际利率计算其摊余成本及各期利息收入或利息费用的方法。金融资产或金融负债的摊余成本,是指该金融资产或金融负债的初始确认金额经下列调整后的结果:

(1)扣除已偿还的本金;

(2)加上或减去采用实际利率法将该初始确认金额与到期日金额之间的差额进行摊销形

成的累计摊销额;

(3)扣除已发生的减值损失(仅适用于金融资产)。

4. 金融资产转移的确认和计量

已将金融资产所有权上几乎所有的风险和报酬转移给了转入方的,终止确认该金融资产;保留了金融资产所有权上几乎所有的风险和报酬的,继续确认所转移的金融资产,并将收到的对价确认为一项金融负债。

金融资产整体转移满足终止确认条件的,将下列两项金额的差额计入当期损益:

(1)所转移金融资产的账面价值;

(2)因转移而收到的对价与原直接计入所有者权益的公允价值变动累计额之和。

5. 金融资产和金融负债的公允价值确定方法

存在活跃市场的金融资产或金融负债,以活跃市场的报价确定其公允价值;不存在活跃市场的金融资产或金融负债,采用估值技术确定其公允价值;初始取得或源生的金融资产或承担的金融负债,以市场交易价格作为确定其公允价值的基础。

6. 金融资产的减值测试和减值准备计提方法

资产负债表日对以公允价值计量且其变动计入当期损益的金融资产以外的金融资产进行减值测试。对单项金额重大的金融资产单独进行减值测试;对单项金额不重大的金融资产,包括在具有类似信用风险特征的金融资产组合中进行减值测试;单独测试未发生减值的金融资产,包括在具有类似信用风险特征的金融资产组合中进行减值测试。

7. 应收款项坏账准备的确认标准、计提方法

应收款项包括应收账款、应收票据、预付账款、其他应收款和长期应收款等。应收款项坏账准备的确认标准、计提方法是:

(1)单项金额重大应收款项是指单笔金额在50万元以上(含50万元)的应收款项。对于单项金额重大且有客观证据表明发生了减值的应收款项,根据其未来现金流量现值低于其账面价值的差额计提坏账准备。

(2)单项金额不重大的应收款项,采用账龄分析法计提坏账准备。具体账龄的划分及坏账计提比例如下:

账　龄	计提比例(%)
1年以内(含1年)	5
1～2年(含2年)	20
2～3年(含3年)	40
3年以上	100

8. 其他应收款的核算

业务员及其他职工出差预支差旅费,完成任务回公司后直接到财务部门报销,一次结清。

(三)存货的确认与计量

1. 存货的分类

存货包括生产经营过程中为销售或耗用而持有的原材料、在途物资、低值易耗品、在产品、库存商品等。

2. 存货的核算方法

(1)存货日常以实际成本核算

①存货的取得

取得存货时,按取得存货的实际成本作为入账价值。存货成本包括采购成本、加工成本和其他成本。采购成本包括购买价款、相关税费、运输费、装卸费、保险费以及其他可归属于存货采购成本的费用;加工成本包括直接人工以及按照一定方法分配的制造费用,制造费用是指企业为生产产品和提供劳务而发生的各项间接费用;其他成本是指除采购成本、加工成本以外的,使存货达到目前场所和状态所发生的其他支出。

②存货的发出

发出材料、外购半成品、辅助材料、周转材料(包括低值易耗品和包装物)等存货,采用先进先出法进行计价。对发出的低值易耗品,采用一次摊销法,将其成本按受益对象计入相关资产成本或当期损益。包装物随同产品出售但不单独计价,发出的包装物按其成本一次计入销售费用。

发出产成品,采用月末一次加权平均法进行计价。

(2)存货盘存制度

存货盘存采用永续盘存制。每年 12 月份,对存货进行清查,根据盘点结果编制存货盘盈盘亏报告单,报经有关领导审批后,在年末结账前处理完毕。

(3)存货可变现净值的确定依据及存货跌价准备的计提方法

存货跌价准备按单个存货项目的成本与可变现净值计量,对于数量繁多、单价较低的周转材料,按照存货类别计量成本与可变现净值。产成品和用于出售的材料等可直接用于出售的存货,其可变现净值按该存货的估计售价减去估计的销售费用和相关税费后的金额确定;用于生产而持有的材料等存货,其可变现净值按所生产的产成品的估计售价减去至完工时估计将要发生的成本、估计的销售费用和相关税费后的金额确定;为执行销售合同或者劳务合同而持有的存货,其可变现净值以合同价格为基础计算;企业持有存货的数量多于销售合同订购数量的,超出部分的存货可变现净值以一般销售价格为基础计算。

3. 存货收发业务流程

(1)材料及半成品收发业务流程

采购部门外购材料及半成品(购销合同、发票)——质量检验部门(检查实物,并与购货合同核对,签发验收单,一式两联:一联为存根联,一联交仓库)——仓库(根据验收单清点实物后,签发入库单,一式三联:一联为存根联,一联用来登记仓库存货明细账,一联交财务部门)——财务会计部门(将购货合同、发票、入库单进行核对,无误后编制材料采购业务记账凭证,登记相关明细账簿;根据购货合同所规定的付款条件办理货款结算,如有现金折扣,需经有关负责人授权批准后方可办理货款支付，登记银行存款日记账或其他货币资金明细账）。

车间根据生产需要提出领料要求（填写领料单，一式三联：一联为存根联，一联交仓库，一联交财务部门）——仓库根据领料单发出材料（编制出库单，一式三联：一联为存根联，一联作为仓库登记存货明细账的依据，一联交财务部门）——财务部门（将领料单、出库单核对无误后，编制材料领用业务的记账凭证，登记相关明细账）。

(2)产成品收发业务流程

车间生产完成后提出入库申请（产品完工报告单）——质量检验部门验收（填写合格证，一品一证，验收报告一式三份：一份留存，一份交车间，一份交仓库）——仓库（根据清点实物结果和质量检验部门出具的合格证、验收报告，填写入库单，入库单一式三联：一联为存根联，一联作为仓库登记存货明细账的依据，一联交财务部门）——财务部门（取得入库单，与产品成本计算表一起，编制产成品入库记账凭证，登记有关明细账）。

销售部门接受顾客订单（签订销售合同，填写发货单，开具增值税专用发票，发货单一式两联：一联为存根联，一联交仓库；增值税发票三联：发票联和抵扣联交购货单位，记账联交财务部门）——仓库根据发货单发货（填写出库单，一式三联：一联为存根联，一联仓库登记存货明细账，一联交财务部门）——财务部门（将增值税发票、出库单、销售合同核对，无误后编制销售业务记账凭证，登记有关明细账）。

材料及半成品收发业务流程图如下：

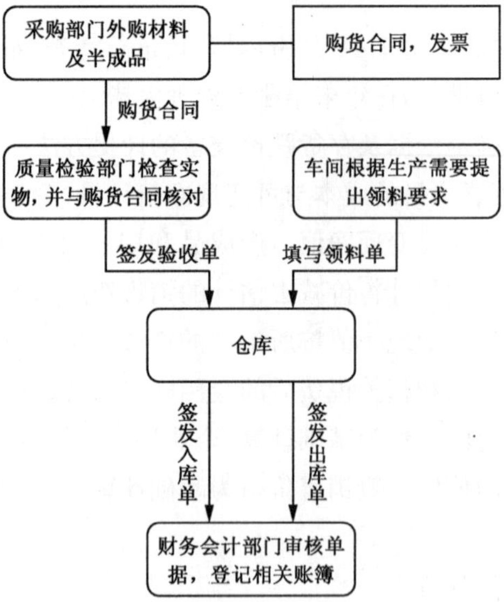

产成品收发业务流程图如下：

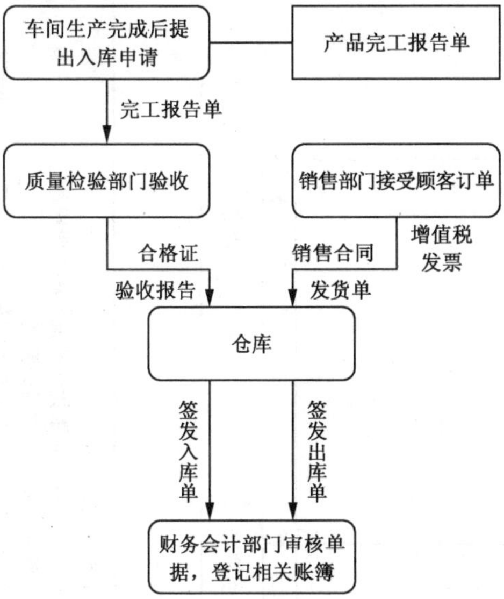

4. 产品成本的计算方法

(1)完工产品成本计算方法

产品按品种法计算成本。成本计算流程图见下页。

(2)产品成本计算方法

采用定额成本法。A型数控机床单位定额成本为27 550元(其中:直接材料18 700元,直接人工2 850元,制造费用6 000元),B型数控机床单位定额成本为17 000元(其中:直接材料13 000元,直接人工1 350元,制造费用2 650元)。所有产品原材料在开工时一次性投入,在产品完工程度为50%。

(3)费用分配方法

①生产工人职工薪酬、基本生产车间制造费用的分配方法:均按生产产品的工时比例进行分配。

②辅助费用的归集与分配方法:机修车间为辅助生产车间,其所发生的全部费用直接记入"生产成本——辅助生产费用"账户,并按各基本生产车间、行政管理部门等实际耗用修理工时的比例分配,采用直接分配法。

③水费、电费的分配方法

各月水费、电费分别按固定比例分配。如果有重大异常情况发生,则考虑修改分摊比例。

水费的分摊比例为:机加工车间45%,装配车间25%,机修车间15%,行政管理部门15%,合计100%。

电费的分摊比例为:机加工车间50%,装配车间28%,机修车间12%,行政管理部门10%,合计100%。

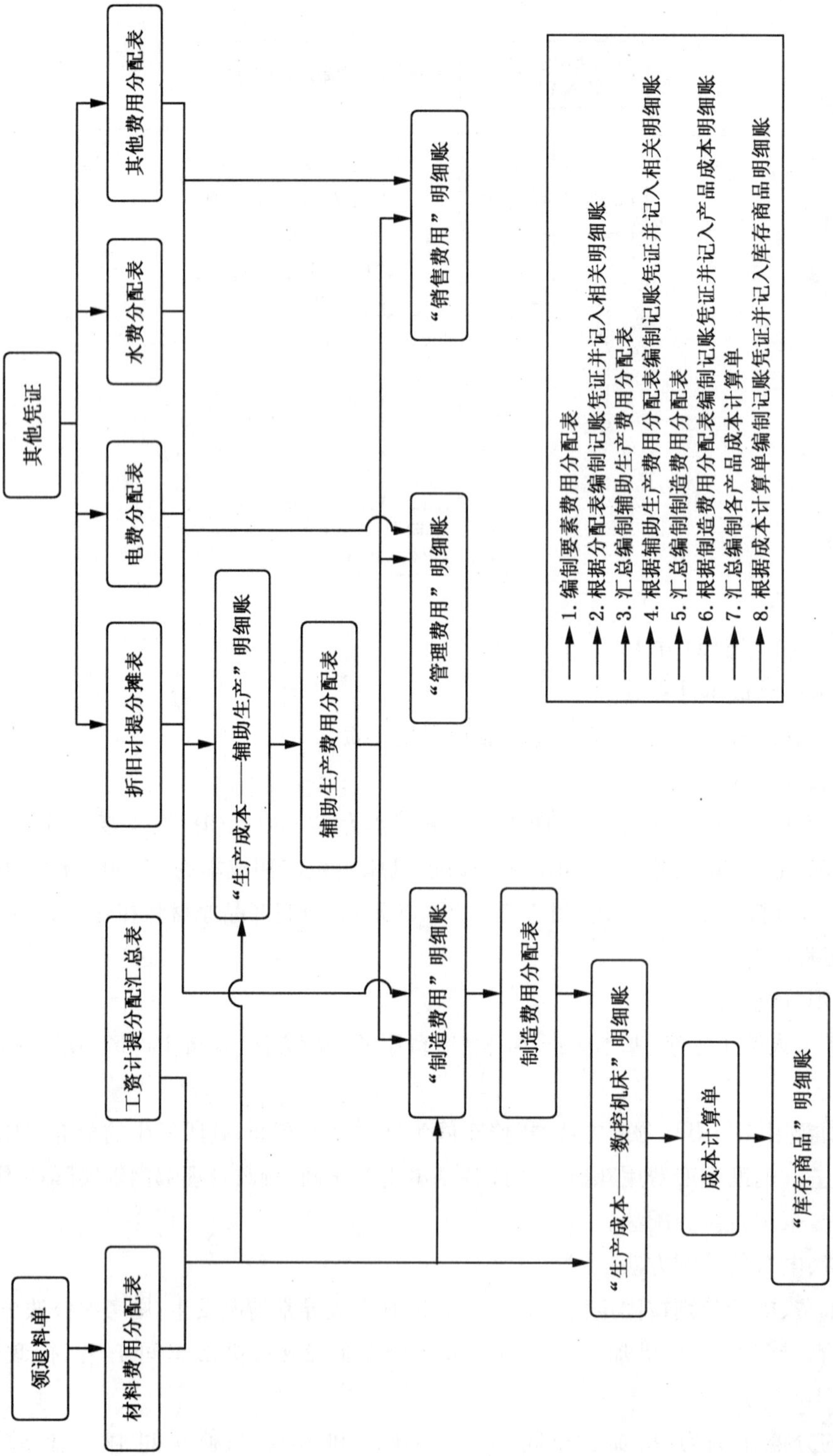

领退料单
材料费用分配表
工资计提分配汇总表
其他凭证
折旧计提分摊表
电费分配表
水费分配表
其他费用分配表
“生产成本——辅助生产”明细账
辅助生产费用分配表
“制造费用”明细账
“管理费用”明细账
“销售费用”明细账
制造费用分配表
“生产成本——数控机床”明细账
成本计算单
“库存商品”明细账
1. 编制要素费用分配表
2. 根据分配表编制记账凭证并记入相关明细账
3. 汇总编制辅助生产费用分配表
4. 根据辅助生产费用分配表编制记账凭证并记入相关明细账
5. 汇总编制制造费用分配表
6. 根据制造费用分配表编制记账凭证并记入产品成本明细账
7. 汇总编制各产品成本计算单
8. 根据成本计算单编制记账凭证并记入库存商品明细账

(四)长期股权投资的确认与计量

1. 初始计量

长期股权投资的初始投资成本按取得方式的不同,分别采用如下方式计量:

(1)同一控制下企业合并取得的长期股权投资,在合并日按照取得的被合并方所有者权益账面价值的份额,作为长期股权投资的初始投资成本;转出资产等账面价值与初始投资成本之间的差额调整资本公积,资本公积不足冲减的,调整留存收益。

(2)非同一控制下企业合并取得的长期股权投资,按合并日所付出的资产、发行的权益性证券、发生或承担的负债的公允价值,作为长期股权投资的初始投资成本。

(3)其他方式取得的长期投资。

①以支付现金取得的长期股权投资,按照实际支付的购买价款作为初始投资成本。

②以发行权益性证券取得的长期股权投资,按照发行权益性证券的公允价值作为初始投资成本。

2. 后续计量

(1)对子公司的投资,采用成本法核算。

子公司为公司持有的、能够对被投资单位实施控制的权益性投资,若本公司持有某实体股权份额超过50%,或者虽然股权份额少于50%但本公司可以实质控制其实体,则该实体将作为本公司的子公司。

(2)对合营企业或联营企业的投资,采用权益法核算。

合营企业为本公司持有的、能够与其他合营方对被投资单位实施共同控制的权益性投资,联营企业为本公司持有的、能够对被投资单位施加重大影响的权益性投资,若本公司持有其股权份额介于20%至50%之间而且对该实体不存在实质控制,或者虽然本公司持有其股权份额低于20%但对该实体存在重大影响,则该实体将作为本公司的合营企业或联营企业。

3. 长期股权投资减值

期末检查发现长期股权投资存在减值迹象时,应估计其可收回金额:可收回金额低于其账面价值的,按其可收回金额低于账面价值的差额,计提长期股权投资减值准备。

4. 长期股权投资处置

企业处置长期股权投资时,应相应结转与所售股权相对应的长期股权投资的账面价值,出售所得价款与处置长期股权投资账面价值之间的差额,应确认为处置损益。采用权益法核算的长期股权投资,原计入其他综合收益、资本公积中的金额在处置时亦应进行结转,将与所出售股权相对应的部分在处置时自其他综合收益、资本公积转入当期损益。

(五)固定资产的确认与计量

1. 固定资产是指同时具有下列特征的有形资产:

(1)为生产商品、提供劳务、出租或经营管理而持有的;

(2)使用寿命超过一个会计年度。

2. 固定资产计价:

固定资产按取得时的实际成本计价。

3. 固定资产折旧：

对固定资产采用平均年限法分项计提折旧。各类固定资产的预计净残值率、预计使用年限见下表：

项　目	预计净残值率(%)	预计使用年限(年)
房屋及建筑物	10	50
生产用机器设备	5	20
运输工具	5	8
办公设备及其他	5	10

固定资产折旧方法、预计净残值率和预计使用年限都与税法规定一致，不存在差异。

固定资产在大修理期间照提折旧。

4. 固定资产增减变化的处理：

增加固定资产必须有申请，经过质量验收合格后，办理领用手续。

减少的固定资产(包括报废、出售等)，应由使用部门提出报告，经质量检验部门鉴定，报有关领导审批后处理。固定资产处置净损益计入营业外收入或营业外支出。

5. 固定资产使用过程中发生的后续支出，符合资本化条件的，计入固定资产成本；不符合资本化条件的，计入当期损益。发生的固定资产修理费，除专设销售机构使用的固定资产修理费计入销售费用外，其他一律计入管理费用。

6. 每年年末对固定资产进行清查，根据清查结果编制盘盈盘亏报告单，报经有关领导审批后进行账务处理。固定资产盘盈作为前期重大差错处理，需通过“以前年度损益调整”账户调整年初留存收益。

7. 固定资产减值准备的确认标准、计提方法：

期末对固定资产进行检查，如存在减值迹象时，估计其可收回金额，按固定资产可回收金额低于其账面价值的差额确认并计提固定资产减值准备。计提时按单项资产计提，难以对单项资产的可收回金额进行估计的，按该资产所属的资产组为基础计提。减值准备一经计提，在资产存续期内不予转回。可收回金额根据固定资产的公允价值减去处置费用后的净额与资产预计未来现金流量的现值两者之间较高者确定。

(六)无形资产的确认与计量

1. 无形资产是指企业拥有或控制的没有实物形态的可辨认的非货币性资产。

2. 无形资产初始计量：无形资产按取得时的实际成本计量。

3. 无形资产摊销：使用寿命有限的无形资产，在使用寿命内采用年限平均法进行摊销；使用寿命不确定的无形资产不需要摊销，如果减值，计提减值准备。

无形资产的残值一般为零，但下列情况除外：

(1)有第三方承诺使用寿命结束时愿意购买；

(2)存在活跃市场的残值信息,并且市场一直存在。

源自合同性权利或其他法定权利取得的无形资产,其使用寿命通常不超过合同或其他法定的期限。没有明确的合同或法律规定无形资产的使用寿命的,企业应当综合各方面因素判断,来确定无形资产为企业带来未来经济利益的期限。

无形资产摊销方法、摊销年限与税法规定一致,不存在差异。

(七)职工薪酬的确认与计量

1. 职工薪酬的范围

职工薪酬主要包括:短期薪酬(职工工资、奖金、津贴和补贴,职工福利费,医疗保险、工伤保险、生育保险、住房公积金,工会经费、职工教育经费,短期带薪缺勤,短期利润分享计划,非货币性福利等);离职后福利(设定提存计划和设定受益计划);辞退福利;其他长期职工福利。

2. 职工薪酬的确认和计量

在职工为公司提供服务的会计期间,将应付的职工薪酬确认为负债,根据职工提供服务的受益对象,计入相关资产成本或当期损益。辞退福利除外。

3. 各项经费基金的计提标准

项 目	计提基数	计提比例(%)
住房公积金	本月基本工资总额	10
基本养老保险		20
基本医疗保险		7
生育保险		0.8
工伤保险		0.6
工会经费		2
职工教育经费		1.5

(八)销售收入的确认

收入确认的具体条件包括:

若采用支票、银行汇票、汇兑、商业汇票等方式结算货款或赊销的,在开出发票并发出商品后确认收入;

若采用交款提货方式销售商品的,则在开出发票、收到款项时确认收入;

若采用托收承付方式销售商品的,则在开出发票、发出商品并办妥托收承付手续后确认收入;

若采用支付手续费方式委托代销商品的,则在收到代销方开具的代销清单时确认收入。

(九)税金的核算

1. 增值税的核算

公司为增值税一般纳税人,增值税税率为13%。

当月应纳增值税税额＝当月销项税额－当月进项税额

2. 城市维护建设税与教育费附加的核算

城市维护建设税及教育费附加是以应交增值税为基数加以计算的。城市维护建设税税率为7%，教育费附加为3%，将所计算的应交城市维护建设税与教育费附加记入“税金及附加”账户。

3. 房产税、土地使用税、车船使用税、印花税

(1)房产税

以房产的原值为基数计算，税率为1.2%，具体计算公式如下：

应交房产税＝房屋原值×(1－20%)×1.2%

有租金收入的，按租金收入为基数，税率为12%，具体计算公式如下：

应交房产税＝租金收入×12%

(2)土地使用税

该企业使用的纳税标准为年税额4元/平方米。

(3)车船使用税

车船税的具体税额如下：大型客车每辆全年税额标准为480元，中型客车420元，小型客车360元，微型客车180元；载货汽车(包括半挂、牵引车、挂车及客货两用车)按自重每吨全年80元；三轮汽车和低速货车按自重每吨全年50元；摩托车每辆全年40元；专项作业车、轮式专用机械车按自重每吨全年56元。

(4)印花税

以实际从税务部门购买的印花税金额计量。

4. 企业所得税的核算

企业所得税采用资产负债表债务法进行会计核算。根据会计准则和税法的规定，分别确定资产、负债的账面价值和计税基础，如果存在差异，对符合确认条件的应纳税暂时性差异确认为递延所得税负债，对符合确认条件的可抵扣暂时性差异确认为递延所得税资产。

当期应纳税额为应纳税所得额乘以25%的税率来计算。按照《企业所得税法》的规定，应纳税所得额为企业每一个纳税年度的收入总额，减除不征税收入、免税收入、各项扣除以及允许弥补的以前年度亏损后的余额。

应纳税所得额＝会计利润(利润总额)＋按照会计准则规定计入利润表但计税时不允许税前扣除的费用±计入利润表的费用与税法规定可予税前扣除的金额之间的差额±计入利润表的收入与税法规定计入应纳税所得额的收入之间的差额－税法规定不征税或免税收入±其他需要调整的因素

当期所得税费用＝当期应纳税额＋递延所得税

＝当期应纳税额＋(递延所得税负债的增加－递延所得税资产的增加)

6. 个人所得税

由公司根据职工每月的工资薪金所得，按7级超额累进税率代扣代缴。

7. 不享受国家税收减免等优惠(略)

8. 报税程序

首先,在纳税期(每月 1～15 日)填写上月的纳税申请报表;其次,通过税务局网上报税系统,完成电子报税;最后,在 15 日后,到公司开户银行取得税款缴纳凭证。

(十)借款利息确认与计量

(1)借款利息按月计提,按季度与银行结算。为了便于与银行核对利息支付金额,利息计提的期间为上月的 22 日至本月的 21 日。

(2)满足资本化条件的借款利息计入有关资产的成本,不符合资本化条件的借款利息均计入当期财务费用。

(十一)利润分配的确认与计量

根据公司章程的规定,公司税后利润按以下顺序和规定分配:

(1)按税后利润的 10%提取法定盈余公积。

(2)税后利润扣除法定盈余公积后,按其出资比例在各投资者之间进行分配。

(3)将"利润分配"账户所属的其他明细账户的借方发生额转入"利润分配——未分配利润"账户的借方,至此,"利润分配——提取法定盈余公积""利润分配——应付利润"账户结平。"利润分配——未分配利润"账户的期末余额则为截至年底留待以后年度分配的利润或需要弥补的亏损。

第二章

模拟实训的流程及要求

第一节　实训目的

会计综合模拟实训是对学生会计职业能力的训练和培养。该实训课程通过向学生提供一套仿真的业务活动资料，使其在一个仿真的会计实务环境中，完成对企业某个会计期间经济业务活动的会计处理(包括手工会计处理和电算化会计处理)、纳税申报和财务分析工作。目的是使学生熟悉会计工作流程和相关的会计技术规范要求，掌握会计业务处理中基本的确认、计量、记录和列报的原则、方法，掌握增值税、企业所得税等基本税种的纳税申报方法，掌握基本的财务报表分析方法，在加深对财务会计学、成本会计学、税法、财务管理等所学理论知识正确理解的基础上，训练学生对所学理论知识的综合运用能力，培养学生分析和解决问题的能力，增强合作意识，树立团队精神，提高组织、协调和沟通的能力，使学生具备处理企业日常会计业务的能力和胜任会计职业的素质。

第二节　实训的程序和内容

会计综合模拟实训的教学内容按照上市工业企业的会计实务流程和内容进行设计，主要包括以下五项内容：

1. 了解模拟实训企业的背景资料。了解模拟实训企业的性质、规模和组织机构设置，以及主要的人员分工，了解企业的生产业务类型和流程，了解企业所选用的会计政策和会计估计，了解企业对外投资业务、客户和供应商信息，了解企业的账务处理程序和所要使用的会计科目，了解各账户的期初余额及累计发生额等资料信息。

2. 学生根据实训资料，通过手工方法完成对该公司 12 月份经济业务的会计处理，包括记账凭证的编制和复核、科目汇总、登记账簿、期末对账等工作。

3. 向学生提供用友会计软件操作平台，使其通过计算机软件，将其手工处理的会计资料实现电算化，完成期末财务报表（资产负债表、利润表、现金流量表）的编制。

4. 学生根据会计核算的结果，按照税法相关要求，准确填写有关纳税申报表，模拟完成纳税申报工作。

5. 学生根据管理层决策的需要，对相关财务指标进行计算、分析，编写出财务分析报告，指出经营管理中存在的问题，并提出相应的解决对策。

第三节　实训的步骤及操作要求

一、建立会计账册

（一）设置会计账簿

1. 总账

总账账户按照一级会计科目开设，总账形式采用“三栏式”订本式总账。

2. 明细分类账

对反映债权、债务、资本、投资类账簿，如交易性金融资产、应收账款、其他应收款、长期股权投资、无形资产、累计折旧、累计摊销、短期借款、应付账款、应付职工薪酬、应交税费（应交增值税明细账除外）、其他应付款、实收资本、资本公积、盈余公积和未分配利润，以及主营业务收入、其他业务收入、主营业务成本、其他业务成本、投资收益、公允价值变动损益、资产减值损失、营业外收入、营业外支出等只需反映其金额，账簿形式采用活页式、只有金额的三栏式账，又称甲式账。反映存货、固定资产类的账簿，如原材料、库存商品、发出商品、周转材料、固定资产等账簿，账簿形式采用活页式、数量金额式账簿，又称乙式账。反映成本、费用类的账簿，如生产成本、制造费用、管理费用、销售费用和财务费用以及应交增值税等账簿，账簿形式采用活页式、多栏式账簿。

3. 日记账

日记账包括现金日记账和银行存款日记账，账簿形式采用订本式账簿。

（二）启用会计账簿

1. 在账簿封面上写明单位名称和账簿名称。

2. 填写账簿扉页，即账簿启用表。

3. 登记期初余额和本年累计发生额。

二、对本年 12 月份经济业务活动进行会计处理

（一）审核原始凭证

学生对所提供的业务活动凭证资料进行复核，确定业务活动所涉及的原始凭证是否真实、

合法,原始凭证上的项目填写是否准确、完整,文字和金额填写是否规范,印章是否齐全,审批手续是否完备。

(二)编制记账凭证

根据审核无误的原始凭证,按照模拟实训资料中确定的会计处理方法和会计处理程序,按要求编制记账凭证,并复核记账凭证。

记账凭证使用通用的记账凭证。

(三)登记账簿

根据审核无误的会计凭证,按照模拟实训资料中确定的会计处理方法和会计处理程序,登记账簿。

(四)对账

月末进行对账工作。

1. 账证核对。

2. 账账核对。

3. 账实核对。

(五)结账

结账是将本期内发生的经济业务登记入账,并将各账簿结算清楚,以便编制财务报表。

(六)编制财务报表

根据账簿记录和提供的20×5年1～11月相关会计资料,编制20×5年12月和20×5年度的财务报表,包括资产负债表、利润表和现金流量表。

三、对经济业务活动进行电算化会计处理

实训准备:安装用友ERP-U8V10.1系统

职责分工:

1. 系统管理员admin负责系统注册、设置用户、建立账套和设置用户权限的操作。

2. 账套主管101张伟负责总账管理系统初始设置、期初余额录入和编制财务报表的操作。

3. 102张瑞英负责审核凭证、记账。

4. 103王强负责编制材料(包括外购半成品)采购、领用、清查等业务的记账凭证,编制债权债务的记账凭证。

5. 104李红负责编制费用发生、分配、结转等业务的记账凭证,编制职工薪酬业务的记账凭证。

6. 105赵龙负责编制销售业务的记账凭证,编制各项应交税费的记账凭证,通过自定义转账结转各损益类账户至“本年利润”账户,将净利润结转至“利润分配——未分配利润”账户,并进行利润分配。

7. 106杨杰负责编制与货币资金收付业务有关的记账凭证,编制与固定资产购建、折旧、

清理等业务有关的记账凭证，进行出纳签字的操作。

(一)系统管理

1. 账套信息

(1)账套信息

账套号:888;账套名称:祥瑞公司;启用会计期间:20×5 年 12 月;单位名称:祥瑞制造有限责任公司。

(2)核算类型

企业记账本位币:人民币;企业类型:工业;行业性质:新会计制度科目;账套主管:张伟;按行业性质预置科目。

(3)基础信息

存货、客户、供应商不分类,无外币核算。

(4)编码方案

科目编码:4222;部门编码:22,其他采用系统默认;数据精度:2,其他采用系统默认。

2. 用户及其权限

编号	姓名	所属部门	系统权限
101	张伟	财务会计部	账套的全部权限
102	张瑞英	财务会计部	公共单据、公用目录设置、总账
103	王强	财务会计部	公共单据、公用目录设置、总账(除凭证审核、记账的权限)
104	李红	财务会计部	公共单据、公用目录设置、总账(除凭证审核、记账的权限)
105	赵龙	财务会计部	公共单据、公用目录设置、总账(除凭证审核、记账的权限)
106	杨杰	财务会计部	公共单据、公用目录设置、总账系统(凭证、出纳的所有权限)

3. 系统启用

启用总账管理,启用日期为 20×5 年 12 月 1 日。

4. 基础档案

(1)部门档案

部门编码	部门名称	部门编码	部门名称
01	经理办公室	07	采购部
02	行政办公室	08	仓库
03	车队	09	销售部
04	财务会计部	10	机加工车间
05	人力资源部	11	装配车间
06	质量检验部	12	机修车间

(2)人员类别

本公司在职人员分为3类：

分类编码	分类名称
1001	管理人员
1002	业务人员
1003	生产人员

(3)人员档案

人员编号	人员姓名	性别	行政部门	人员类别	是否业务员	是否操作员	对应操作员编码
025	王健	男	采购部	管理人员	是		

(4)客户档案

客户编码	客户简称
01	南海市机床经销公司
02	福海贸易公司
03	泰安起重机厂
04	北方机电公司
05	汉北有限公司
06	泰山公司
07	远航公司

(5)供应商档案

供应商编码	供应商简称
01	淮北钢铁厂
02	新伟钢铁厂
03	长峰钢厂
04	新华标准件厂
05	创新电子设备厂
06	新阳轴承厂

(二)总账管理系统的初始设置

1. 总账管理系统参数

制单序时控制；可以使用应收、应付、存货受控科目；取消“现金流量科目必录现金流量项目”选项；出纳凭证必须由出纳签字；不允许修改、作废他人填制的凭证；数量小数位和单价小数位设置为 2 位；部门、个人、项目按编码方式排序。

2. 期初余额表

应收票据期初余额

日　期	客户名称	摘　要	方　向	金　额
20×5.11.30	北方机电公司	销售商品	借	760 000.00
20×5.11.30	汉北有限公司	销售商品	借	632 400.00

应收账款期初余额

日　期	客户名称	摘　要	方　向	金　额
20×5.11.30	南海市机床经销公司	销售商品	借	600 000.00
20×5.11.30	福海贸易公司	销售商品	借	910 000.00
20×5.11.30	泰安起重机厂	销售商品	借	100 000.00

坏账准备期初余额

日　期	客户名称	摘　要	方　向	金　额
20×5.11.30	福海贸易公司	坏账准备	贷	232 000.00
20×5.11.30	南海市机床经销公司	坏账准备	贷	30 000.00
20×5.11.30	泰安起重机厂	坏账准备	贷	5 000.00

应付账款期初余额

日　期	客户名称	摘　要	方　向	金　额
20×5.11.30	新伟钢铁厂	购货款	贷	680 000.00
20×5.11.30	长峰钢厂	购货款	贷	1 179 700.00
20×5.11.30	新华标准件厂	购货款	贷	34 200.00
20×5.11.30	创新电子设备厂	购货款	贷	98 000.00
20×5.11.30	新阳轴承件厂	购货款	借	20 000.00

生产成本期初余额

科目名称	直接材料	直接人工	制造费用	合　计
A 型数控机床	149 600.00	11 400.00	24 000.00	185 000.00
B 型数控机床	78 000.00	4 050.00	7 950.00	90 000.00

3. 凭证类别

记账凭证。

4. 项目目录

项目目录

项目大类名称	生产成本			
项目分类	1	无分类		
核算科目	500101	A 型数控机床		
	500102	B 型数控机床		
	500103	辅助生产费用		
项目目录	编号	项目名称	是否结算	所属分类码
	001	直接材料	否	无分类
	002	直接人工	否	无分类
	003	制造费用	否	无分类

(三)实训步骤

1. 系统管理和基础设置

(1)系统注册

①执行【开始】/【程序】/【用友 ERP-U8V10.1】/【系统服务】/【系统管理】命令，进入“系统管理”窗口。

②执行【系统】/【注册】命令，打开“登录”系统管理对话框，系统管理员密码为空，选择系统默认账套(default)，单击【确定】按钮后，以系统管理员的身份登录，进入系统管理。

(2)设置用户

①执行【权限】/【用户】命令，进入“用户管理”窗口。

②单击【增加】按钮，打开“增加用户”对话框，单击工具栏上的【增加】按钮，根据实训资料录入用户的编号、姓名、口令、认证方式、所属部门等内容，单击【增加】按钮即可完成对用户的增加。通过单击工具栏上的【修改】或【删除】按钮，可以对用户进行修改与删除。

(3)建立账套

①以系统管理员 admin 注册系统管理，执行【账套】/【建立】命令，打开“创建账套”对话框。

②根据实训资料，按系统提示录入账套信息、单位信息、核算类型、基础信息。

③单击“完成”按钮，系统提示“可以创建账套了吗?”单击【是】按钮，系统打开“编码方案”对话框，开始创建账套。

④根据实训资料设置编码方案，确定后单击【取消】按钮。

⑤根据实训资料确定数据精度。

⑥系统弹出“创建账套”系统提示对话框，单击【否】按钮，结束建账过程。

(4)设置用户权限

①在“系统管理”窗口，执行【权限】/【权限】命令，打开“操作员权限”对话框。根据实训资

料给各用户指定权限。

②选择“888 祥瑞公司”账套，20×5 年度。从操作员列表中选择“101 张伟”，选中“账套主管”复选框，确定张伟具有账套主管权限。

③从操作员列表中选择“102 张瑞英”，选择“888”账套，单击【修改】按钮，在权限前单击打“√”表示具有该权限，单击【保存】按钮。同理，设置其他操作员的权限。

(5)系统启用

①执行【开始】/【程序】/【用友 ERP-U8V10.1】/【企业应用平台】命令，打开“登录”对话框。

②录入操作员“101”；账套“888 祥瑞公司”；操作日期 20×5－12－01，进入“企业应用平台”窗口。

③单击【基础设置】/【基本信息】/【系统启用】选项，打开“系统启用”对话框，根据实训资料的要求启用总账系统。

(6)设置基础档案

①在企业应用平台中，单击【基础设置】/【基础档案】选项，进入基础档案信息设置界面。

②根据实训资料“4. 基础档案”，依次录入部门档案、人员类别、人员档案、客户档案、供应商档案的基础档案信息。

2. 总账管理系统初始设置

(1)设置总账系统参数

①以账套主管“101 张伟”身份注册进入企业应用平台，登录日期为 20×5－12－01，在企业应用平台的“业务工作”选项卡中，执行【财务会计】/【总账】/【设置】/【选项】命令，打开“选项”对话框。

②单击【编辑】按钮，分别打开“凭证”“账簿”“权限”“会计日历”“其他” 选项卡，根据实训资料对参数进行相应的设置或调整。

(2)建立会计科目

①在企业应用平台的“基础设置”选项卡中，执行【基础档案】/【财务】/【会计科目】命令，进入“会计科目”窗口。

②单击【增加】按钮，根据实训资料录入需要增加的会计科目信息，录入完毕返回“会计科目”窗口。

③选中需修改的科目，单击【修改】按钮，根据实训资料的要求修改科目信息，完成后退出。

④执行【编辑】/【指定科目】命令，选中“1001 库存现金”为现金总账科目，“1002 银行存款”为银行总账科目，“1001 库存现金”“100201 工商银行”“100202 中国银行”为现金流量科目，确定后返回“会计科目”窗口。

(3)设置凭证类别

①在企业应用平台的“基础设置”选项卡中，执行【基础档案】/【财务】/【凭证类别】命令，打开“凭证类别预置”对话框。

②选择“记账凭证”单选钮，确定后进入“凭证类别”窗口，退出即可。

(4)设置项目目录

①在企业应用平台的“基础设置”选项卡中，执行【基础档案】/【财务】/【项目目录】命令，打开“项目档案”对话框。

②单击【增加】按钮，打开“项目大类定义——增加” 对话框，录入项目大类名称“生产成本”，完成后返回“项目档案”对话框。

③打开“核算科目”选项卡，选择项目大类“生产成本”，根据实训资料将 500101、500102、500103 科目选为核算科目，单击【确定】按钮。

④打开“项目分类定义”选项卡，单击【增加】按钮，根据实训资料录入项目分类。

⑤打开“项目目录”选项卡，单击【维护】按钮，进入“项目目录维护”窗口，根据实训资料增加项目名称。

(5)录入期初余额

①在总账系统中，执行【设置】/【期初余额】命令，进入“期初余额录入”窗口。

②根据实训资料的要求直接录入库存现金、工行存款、交行存款、坏账准备、生产用原材料、库存商品、固定资产、累计折旧、实收资本等科目的期初余额。

③双击应收账款，进入“辅助期初余额”窗口，单击【往来明细】按钮，进入“期初往来明细”窗口，根据实训资料录入“应收票据”辅助账明细科目的期初余额，单击【汇总】按钮，系统弹出“完成了往来明细到辅助期初表的汇总”对话框，单击【确定】按钮。采用同样方法录入应收账款(客户往来)、预付账款(供应商往来)、坏账准备(客户往来)、应付账款(供应商往来)的辅助账的期初余额和辅助账明细科目的期初余额。

④根据实训资料“7. 期初余额”录入“A 型数控机床”和“B 型数控机床”(项目核算)辅助账的期初余额，录入后返回。

⑤单击【试算】按钮，查看余额平衡情况，正确录入余额后借贷合计均为 12 688 383. 98，表明试算平衡。如不平衡，继续调整，直到平衡为止。

⑥单击【对账】按钮，核对总账上下级、总账与辅助账、辅助账与明细账的期初余额是否一致，一致打上“Y”标记。

⑦退出“期初余额录入” 窗口。

3. 总账管理系统日常处理

(1)填制凭证

按照实训要求，以对应操作员的身份进入企业应用平台，再进入总账管理系统，执行【凭证】/【填制凭证】命令，进入“填制凭证”窗口，单击【增加】按钮，出现空白凭证，根据实训资料所给的经济业务内容填制凭证。

(2)出纳签字

以“106 杨杰”的身份进入企业应用平台，再进入总账管理系统，执行【凭证】/【出纳签字】命令，进入“出纳签字”窗口，进行出纳签字。

(3)审核凭证

以“102 张瑞英”的身份进入企业应用平台，再进入总账管理系统，执行【凭证】/【审核凭证】命令，进入“审核凭证”窗口，进行凭证审核。

(4)记账

以“102 张瑞英”的身份进入企业应用平台，再进入总账管理系统，执行【凭证】/【记账】命令，进入“记账”窗口，按照系统提示，进行记账操作。

4. 报表管理系统

(1)以“101 张伟”的身份注册进入企业应用平台，登录日期为 20×5－12－31，再进入报表管理系统。

(2)利用报表模板生成资产负债表、利润表和现金流量表。调整报表模板，在格式状态下，修改下列公式：

资产负债表：

C14＝QC("1123",全年,,,年,,)＋QC("2202",月,"借",,,"",,,,,)

C15＝…＋ QC("5001",月,,,,,,,,,)

D15＝…＋QM("5001",月,,,,,,,,,)

G10＝ QC("2202",全年,,,年,,)＋QC("2202",月,"借",,,"",,,,,)

H37＝…＋QM("4103",月,,,,,,,,,)

利润表：

C10 ＝ fs(6603,月,"借",,年) － TFS("6603",月,贷,"支付长峰钢厂钢板款","＝",,,,,,,)

C11＝fs(6701,月,"借",,年)－TFS("6701",月,贷,"与福海贸易公司债务重组","＝",,,,,,,)

现金流量表：

C10＝XJLL(,,"流出","04",,,,月,,,,,,)－TFS("6603",月,借,"办理一张银行汇票","＝",,,,,,,)

C36＝TFS("100201",月,贷,"办理一张银行汇票","＝",,,,,,,)－TFS("101201",月,借,"办理一张银行汇票","＝",,,,,,,)

四、填写纳税申报表

(一)纳税申报要求

根据《税收征管法》第二十五条的规定，纳税人必须依照法律、行政法规规定或者税务机关依照法律、行政法规的规定确定的申报期限、申报内容如实办理纳税申报，报送纳税申报表、财务会计报表以及税务机关根据实际需要要求纳税人报送的其他纳税资料，如税控装置的电子报税资料、与纳税有关的合同、协议书及凭证等。因此，纳税申报是纳税人的法定义务。

实训资料中的祥瑞制造有限责任公司的经营活动包括机床的生产加工、销售以及货物运输。按税法规定，其作为纳税人，应依法缴纳增值税、企业所得税、城市维护建设税、教育费附加和印花税等；作为扣缴义务人，应依法代扣代缴个人所得税。税种不同，纳税申报的时限、内容也不同，以下分别就这些税种所涉及的纳税申报时间、申报表的填报要求和方法进行说明。

（二）增值税的纳税申报

该企业作为增值税一般纳税人，纳税期限为1个月，按照规定应于次月1～15日内进行纳税申报。

企业在纳税申报时，需要报送《增值税纳税申报表（一般纳税人适用）》和符合抵扣条件且在本期申报抵扣的防伪税控“增值税专用发票”“货物运输业增值税专用发票”和普通发票的存根联等资料。

《增值税纳税申报表（一般纳税人适用）》填写说明：

1. 表首项目的填写

“税款所属时间”：纳税人申报的增值税应纳税额的所属时间，应填写具体的起止年、月、日。

“填表日期”：纳税人填写本表的具体日期。

“纳税人识别号”：填写纳税人的税务登记证号码。

“所属行业”：按照国民经济行业分类与代码中的小类行业填写。祥瑞制造有限责任公司所属行业为：其他金属加工机制造，代码：3529。

“纳税人名称”：填写纳税人单位名称全称。

“法定代表人姓名”：填写纳税人法定代表人的姓名。

“注册地址”：填写纳税人税务登记证所注明的详细地址。按实训资料中所给企业地址填写。

“生产经营地址”：填写纳税人实际生产经营地的详细地址。按实训资料中所给企业地址填写。

“开户银行及账号”：填写纳税人开户银行的名称和纳税人在该银行的结算账户号码。按实训资料中所给企业基本存款账户信息填写。

“登记注册类型”：填写纳税人的公司性质。按实训资料中所给企业类型填写。

“电话号码”：填写纳税人的常用电话号码。按实训资料中所给企业的电话号码填写。

“即征即退货物、劳务和应税服务”：填写纳税人按规定享受增值税即征即退政策的货物、劳务和应税服务的征（退）税数据。

“一般货物、劳务和应税服务”：填写除享受增值税即征即退政策以外的货物、劳务和应税服务的征（免）税数据。

2. 表内各项目的填写

该企业不享受增值税即征即退政策，所以增值税的征（免）税数据填写“一般货物、劳务和应税服务”一栏。

“按适用税率计税销售额”：填写纳税人本期按一般计税方法计算缴纳增值税的销售额，

包含:在财务上不做销售但按税法规定应缴纳增值税的视同销售和价外费用的销售额;外贸企业作价销售进料加工复出口货物的销售额;税务、财政、审计部门检查后按一般计税方法计算调整的销售额。

“其中:应税货物销售额”:填写纳税人本期按适用税率计算增值税的应税货物的销售额,包含在财务上不作销售但按税法规定应缴纳增值税的视同销售货物和价外费用销售额,以及外贸企业作价销售进料加工复出口货物的销售额。

“应税劳务销售额”:填写纳税人本期按适用税率计算增值税的应税劳务的销售额。

“纳税检查调整的销售额”:填写纳税人因税务、财政、审计部门检查并按一般计税方法在本期计算调整的销售额。

“按简易办法计税销售额”:填写纳税人本期按简易计税方法计算增值税的销售额,包含纳税检查调整按简易计税方法计算增值税的销售额。

“其中:纳税检查调整的销售额”:填写纳税人因税务、财政、审计部门检查并按简易计税方法在本期计算调整的销售额。

“免、抵、退办法出口销售额”:填写纳税人本期适用免、抵、退税办法的出口货物、劳务和应税服务的销售额。

“免税销售额”:填写纳税人本期按照税法规定免征增值税的销售额和适用零税率的销售额,但零税率的销售额中不包括适用免、抵、退税办法的销售额。

“其中:免税货物销售额”:填写纳税人本期按照税法规定免征增值税的货物销售额及适用零税率的货物销售额,但零税率的销售额中不包括适用免、抵、退税办法出口货物的销售额。

“免税劳务销售额”:填写纳税人本期按照税法规定免征增值税的劳务销售额及适用零税率的劳务销售额,但零税率的销售额中不包括适用免、抵、退税办法的劳务销售额。

“销项税额”:填写纳税人本期按一般计税方法计税的货物、劳务和应税服务的销项税额。

“进项税额”:填写纳税人本期申报抵扣的进项税额。

“上期留抵税额”:按上期申报表“期末留抵税额”填写至“本月数”,“本年累计”填写“0”。

“进项税额转出”:填写纳税人已经抵扣但按税法规定本期应转出的进项税额。

“免、抵、退应退税额”:反映税务机关退税部门按照出口货物、劳务和应税服务免、抵、退办法审批的增值税应退税额。

“按适用税率计算的纳税检查应补缴税额”:填写税务、财政、审计部门检查,按一般计税方法计算的纳税检查应补缴的增值税税额。

“应抵扣税额合计”:填写纳税人本期应抵扣进项税额的合计数。应抵扣税额合计=进项税额+上期留抵税额-进项税额转出-免、抵、退应退税额+按适用税率计算的纳税检查应补缴税额。

“实际抵扣税额”:只填“本月数”。如果本期应抵扣税额合计小于本期销项税额,实际抵扣税额则为应抵扣税额合计数;如果本期应抵扣税额合计大于本期销项税额,实际抵扣税额则为本期销项税额。

“应纳税额”:反映纳税人本期按一般计税方法计算并应缴纳的增值税税额。按以下公式计算填写:应纳税额=销项税额-实际抵扣税额。

“期末留抵税额”:只填写“本月数”。期末留抵税额=应抵扣税额合计-实际抵扣税额。

“简易计税办法计算的应纳税额”:反映纳税人本期按简易计税方法计算并应缴纳的增值税税额,但不包括按简易计税方法计算的纳税检查应补缴税额。

“按简易计税办法计算的纳税检查应补缴税额”:填写纳税人本期因税务、财政、审计部门检查并按简易计税方法计算的纳税检查应补缴税额。

“应纳税额减征额”:填写纳税人本期按照税法规定减征的增值税应纳税额,包含按照规定可在增值税应纳税额中全额抵减的增值税税控系统专用设备费用以及技术维护费。当本期减征额小于或等于“应纳税额”与“简易计税办法计算的应纳税额”之和时,按本期减征额实际填写;当本期减征额大于“应纳税额”与“简易计税办法计算的应纳税额”之和时,按本期“应纳税额”与“简易计税办法计算的应纳税额”之和填写。本期减征额不足抵减部分结转下期继续抵减。

“应纳税额合计”:反映纳税人本期应缴增值税的合计数。应纳税额合计=应纳税额+简易计税办法计算的应纳税额-应纳税额减征额。

“期初未缴税额(多缴为负数)”:“本月数”按上一税款所属期申报表“期末未缴税额(多缴为负数)”“本月数”填写。“本年累计”按上年度最后一个税款所属期申报表“期末未缴税额(多缴为负数)”“本年累计”填写。

“实收出口开具专用缴款书退税额”:本栏不填写。

“本期已缴税额”:反映纳税人本期实际缴纳的增值税税额,但不包括本期入库的查补税款。本期已缴税额=分次预缴税额+出口开具专用缴款书预缴税额+本期缴纳上期应纳税额+本期缴纳欠缴税额。

“①分次预缴税额”:填写纳税人本期已缴纳的准予在本期增值税应纳税额中抵减的税额。

“②出口开具专用缴款书预缴税额”:本栏不填写。

“③本期缴纳上期应纳税额”:填写纳税人本期缴纳上一税款所属期应缴未缴的增值税税额。

“④本期缴纳欠缴税额”:反映纳税人本期实际缴纳和留抵税额抵减的增值税欠税额,但不包括缴纳入库的查补增值税税额。

“期末未缴税额(多缴为负数)”:“本月数”反映纳税人本期期末应缴未缴的增值税税额,但不包括纳税检查应缴未缴的税额。“本年累计”与“本月数”相同。期末未缴税额=应纳税额合计+期初未缴税额+实收出口开具专用缴款书退税额-本期已缴税额。

“其中:欠缴税额(≥0)”:反映纳税人按照税法规定已形成欠税的增值税税额。欠缴税额=期初未缴税额+实收出口开具专用缴款书退税额-本期已缴税额。

“本期应补(退)税额”:反映纳税人本期应纳税额中应补缴或应退回的数额。

“即征即退实际退税额”:反映纳税人本期因符合增值税即征即退政策规定而实际收到的

税务机关退回的增值税税额。

"期初未缴查补税额"："本月数"按上一税款所属期申报表"期末未缴查补税额""本月数"填写。"本年累计"按上年度最后一个税款所属期申报表"期末未缴查补税额""本年累计"填写。

"本期入库查补税额"：反映纳税人本期因税务、财政、审计部门检查而实际入库的增值税税额，包括按一般计税方法计算并实际缴纳的查补增值税税额和按简易计税方法计算并实际缴纳的查补增值税税额。

"期末未缴查补税额"："本月数"反映纳税人接受纳税检查后应在本期期末缴纳而未缴纳的查补增值税税额。"本年累计"与"本月数"相同。期末未缴查补税额＝按适用税率计算的纳税检查应补缴税额＋按简易计税办法计算的纳税检查应补缴税额＋期初未缴查补税额－本期入库查补税额。

(三)企业所得税纳税申报

企业所得税的纳税申报分预缴和汇算清缴，企业应当自月份或者季度终了之日起 15 日内，向主管税务机关报送预缴所得税纳税申报表，即《中华人民共和国企业所得税月(季)度纳税申报表(A 类)》，同时预缴税款。自年度终了之日起 5 个月内，向主管税务机关报送年度企业所得税纳税申报表，即《中华人民共和国企业所得税年度纳税申报表(A 类)》，并汇算清缴，结清应缴应退税款。

实训资料中该企业所得税采用查账征收方式申报，实行按月预缴、按年汇算清缴的方式，所得税税率为 25%。由于祥瑞制造有限责任公司是单独进行所得税申报，不存在汇总纳税，因此在 12 月份经营活动结束后不再预缴 12 月份所得税，直接进行年度所得税汇算清缴，即：不填写预缴所得税纳税申报表，直接填写年度所得税汇算清缴申报表。

1.《中华人民共和国企业所得税年度纳税申报表(A 类)》

根据《中华人民共和国企业所得税法》及其实施条例的规定计算填报，并依据《利润表》以及纳税申报表相关附表的数据填报。

2. 附表一《收入明细表》

根据《中华人民共和国企业所得税法》及其实施条例以及企业会计准则等核算的"主营业务收入""其他业务收入"和"营业外收入"，以及根据税收规定应在当期确认收入的"视同销售收入"。

3. 附表二《成本费用明细表》

根据《中华人民共和国企业所得税法》及其实施条例以及会计制度核算的"主营业务成本""其他业务支出"和"营业外支出"，以及根据税收规定应在当期确认收入对应的"视同销售成本"。

4. 附表三《纳税调整项目明细表》

《中华人民共和国企业所得税法》第二十一条规定："在计算应纳税所得额时，企业财务、会计处理办法与税收法律、行政法规的规定不一致的，应当依照税收法律、行政法规的规定计算。"填报纳税人按照会计制度核算与税收规定不一致的,应进行纳税调整增加、减少项目的金额。

(四)扣缴个人所得税纳税申报

企业代扣代缴个人所得税,纳税申报填写个人所得税基础信息表(A表)和扣缴个人所得税报告表。

个人所得税基础信息表(A表)适用于扣缴义务人办理全员全额扣缴明细申报时,其支付所得纳税人基础信息的填报。初次申报后,以后月份只需报送基础信息发生变化的纳税人的信息。

扣缴个人所得税报告表按月份申报,申报期限为次月15日内。扣缴义务人应于次月15日内将所扣税款缴入国库,并向主管税务机关报送本表。

(五)地方税费综合申报表

《地方税(费)综合申报表》适用于纳税人按月申报缴纳城市维护建设税、教育费附加、车船税、房产税、城镇土地使用税等各类地方税费时使用。

五、财务报表分析

本实训主要根据资产负债表和利润表对公司的财务变动状况、偿债能力、营运能力和盈利能力等进行分析,在此基础上综合评价公司的财务状况和经营成果。

1. 编制资产负债表的规模分析表:

(1)分析20×5年公司总资产增减变动的主要原因。

(2)分析20×5年公司净资产增减变动的主要原因。

(3)分析20×5年公司负债增减变动的主要原因。

2. 编制利润表的规模分析表,分析20×3年公司净利润的增减变动,分析增减变动的主要原因。

3. 编制资产负债表的结构分析表:

(1)分析20×5年公司的资产结构,指出哪些资产项目的变动比较大。

(2)分析20×5年公司的负债,指出哪些项目的变动比较大。

(3)分析20×5年公司的权益结构,指出哪些项目的变动比较大。

4. 编制利润表的结构分析表,分析20×5年公司的利润结构,对公司的盈利能力做出评价。

5. 计算财务比率,对公司20×5年的偿债能力进行评价。

6. 计算财务比率,对公司20×5年的营运能力进行评价。

7. 计算财务比率,对公司20×5年的盈利能力进行评价。

8. 利用杜邦分析体系综合评价公司20×5年的财务状况和盈利能力。

第三章

模拟实训的组织及评价

第一节　实训的组织方式

学生在指导老师的指导下集中进行实训。在实训过程中，指导老师起引导、答疑和释惑的作用，课堂的主体是学生。

模拟企业会计部门的管理形式，学生采用分组的方式进行实训，每组 6 人左右，模拟担任不同的岗位职责，包括会计部门负责人、会计主管及其他会计核算岗位，分别负责部门全面工作、总账、稽核、材料核算、成本核算、销售及利润核算和出纳等工作。小组由学生自愿和老师指定相结合的方式产生，减少小组之间的力量差异，使每个小组成员之间的特长和能力都能形成互补，以胜任实训任务的要求。小组负责人由小组成员共同商议确定。

第二节　实训成绩的评价

一、评价方法

1. 评价方式：团队活动考核，即对每个实训小组的实训情况进行评价，实训小组的成绩就是小组中每一名学生的成绩。

2. 评价周期：教学全程考核与期末考核相结合。在实训过程中，根据实训的内容、目的，在每个阶段都要对其专业知识的运用、专业规范和技能的掌握以及所表现的专业能力水平按照评价标准及时加以评价。

3. 评价方法：现场观察、任务完成情况评价和答辩等方法。会计综合实训课程总评成绩由平时成绩和期末成绩组成。平时成绩根据学生对实训任务的完成情况来评价。期末考核

(即实训任务完成后)根据学生的现场答辩情况来评价。

二、评价指标

评价指标包括态度与情意、智能与技能、实训任务完成质量、答辩水平四个大项。

1. 态度与情意,评价学生对实训课程的态度、情感、意志、兴趣等。由出勤、纪律、主体性、团队协作精神、实训任务完成进度五个要素组成,可从学生在这五个方面的表现进行评价。这是对学生从主观上作的基本要求,是每一个学生都能做到的。

2. 智能与技能,评价学生对实训任务的理解、分析和判断能力以及专业规范和技能的掌握等。这项指标是对学生完成实训课程在知识上、技能上提出的基本要求,通过对以前所学课程必要的复习、回顾,在指导老师的指导下,每一个学生基本能做到。包括四个要素:

(1)对相关专业知识的理解、运用能力,即能将所学过的财务会计、成本会计、财务管理、税法等课程的知识集中起来,在正确理解的基础上,恰当地运用到实训任务中。

(2)认知能力,对相关实训资料的理解能力,对经济业务活动的分析能力。对提供的实训资料,能进行系统的梳理,运用所学的知识,正确分析,把握住问题的实质和重点。

(3)操作技能,对实训过程中所需要的专业操作规范技能、技巧的掌握程度,如填制记账凭证、登记账簿的要求、方法等。

(4)沟通协调能力,与相关人员(团队成员、指导老师等)的沟通能力,团队成员之间任务的分配、对意见分歧的处理能力。

3. 实训任务完成质量,从质和量两个方面评价学生实训任务完成情况。这项指标是对学生完成实训课程的核心要求,是对实训结果的质量进行的评价,是反映学生对相关知识的理解、运用能力,以及专业规范技能掌握熟练程度的指标。主要包括三个要素:

(1)运用相关专业知识的水平:所用的专业理论知识是否正确恰当,所提供的会计信息是否客观反映了企业的财务状况、经营成果和现金流量。

(2)实训任务的量:是否按照实训要求完成了手工会计处理、电算化处理、纳税申报和财务分析等所有阶段的任务要求,实训任务量的饱满程度。

(3)实训任务的质:各项实训任务的完成是否符合规范要求,纳税申报结果和财务分析的结论与会计处理之间的关联性,有无抄袭之嫌。

4. 答辩水平,这项指标是对学生完成实训课程提出的较高层次要求,用来评价学生的语言表达与临场应变能力。

(1)陈述,对实训过程和内容进行简要的概括。陈述思路清晰,语言表达准确、流畅,语速适中,语气坚定。

(2)回答问题,临场反应、正确性、流畅性等。

三、评价标准

首先,对学生的态度与情意进行评价,分值占总评成绩的20%,20分,作为基础分。

其次,对学生的智能与技能进行评价,分值占总评成绩的 25%,25 分,作为基础分。
再次,对学生实训任务的完成质量进行评价,分值占总评成绩的 40%,40 分,作为核心分。
最后,对学生的答辩水平进行评价,分值占总评成绩的 15%,15 分,作为提高分。
评价标准见下表:

会计综合模拟实训评价标准

实训小组序号：________ 成员姓名：________

评价指标	评价要素及权重		评价等级/分数				评价标准细则
	评价要素	权重(%)	A	B	C	D	
态度与情意（20%）	出勤	5	5	3	1	0	缺勤1次，扣0.5分；缺勤9次（含9次）以上，出勤为0分
	主体性、积极性、主动性	5	5	3	1	0	在老师的引导下，能够独立思考、态度积极主动的5分；有一定的独立思考能力、态度积极主动的3分；独立思考能力较差、态度积极主动的1分；态度不端正的0分。
	团队协作精神	5	5	3	1	0	小组成员之间能相互合作、和谐相处的5分；能相互合作、成员之间的分歧需要得到外力帮助才能解决的3分；缺乏合作的主动性、成员之间的分歧不能解决的1分；成员之间不能相互合作的0分。
	实训任务完成进度	5	5	3	1	0	能按照教学进度要求完成实训任务的5分；与教学进度相差20%的3分；与教学进度相差50%的1分；与教学进度相差50%以上的0分。
智能与技能（25%）	对相关专业知识的理解、运用能力	5	5	4	3	2	对相关专业知识能正确理解并恰当运用的5分；能够正确理解但运用不完全恰当的4分；基本能够理解、运用存在明显不恰当的3分；基本能够理解、运用存在错误的2分。
	认知能力	5	5	4	3	2	通过对实训资料的分析、能够正确把握问题实质和重点的5分；能够较好把握问题的关键和重点的4分；基本能够正确把握问题的关键和重点的3分；基本能够把握重点但关键问题有遗漏的2分。
	操作技能	5	5	4	3	2	能够熟练掌握专业操作规范、要求的5分；能够较好掌握专业操作规范、要求的4分；基本能够掌握专业操作规范、要求的3分；基本能够掌握专业操作规范、要求但存在明显失当的2分。
	独立分析、解决问题的能力	5	5	4	3	2	在实训过程中，对问题能够独立分析、能提出恰当应对措施的5分；对问题能够独立分析、基本能提出应对措施的4分；对问题能够独立分析但提出的应对措施存在明显不恰当的3分；对问题能够独立分析但提出的应对措施存在错误的2分。
	沟通协调能力	5	5	4	3	2	小组内部分工明确合理、沟通顺畅、能有效处理成员之间意见分歧的5分；小组内部分工明确合理、沟通基本顺畅、基本能够处理成员之间意见分歧的4分；小组内部分工基本合理、能进行沟通、成员之间意见分歧的处理需要借助外部力量的3分；小组内部有分工但不合理、不能有效沟通的2分。

续表

评价指标	评价要素及权重		评价等级/分数				评价标准细则
	评价要素	权重(%)	A	B	C	D	
实训任务完成质量(40%)	实训任务的质	20	20	15	10	5	能够正确恰当地运用会计、税法、财务分析等相关专业理论知识,操作规范,完成的财务报表、纳税申报表以及形成的财务分析结论是建立在其会计处理基础上,结果正确、恰当的 20 分;基本能够正确地运用相关专业理论知识,操作基本规范,完成的财务报表、纳税申报表以及形成的财务分析结论是建立在其会计处理基础上,结果基本正确的 15 分;基本能够正确地运用相关专业理论知识,操作存在明显缺陷,完成的财务报表、纳税申报表以及形成的财务分析结论是建立在其会计处理基础上,结果不正确的 10 分;不能正确运用相关专业理论知识,操作存在严重缺陷,完成的财务报表、纳税申报表以及形成的财务分析结论不正确的 5 分。
	实训任务的量	20	20	15	10	5	能够按照教学要求完成对实训单位发生的经济业务的手工会计处理、电算化会计处理、纳税申报和财务分析任务要求,实训任务量的饱满程度高的 20 分;按照教学要求完成对实训单位发生的经济业务的手工会计处理、电算化会计处理、纳税申报实训任务要求,实训任务量的饱满程度较高的 15 分;按照教学要求完成对实训单位发生的经济业务的手工会计处理、电算化会计处理,完成了基本实训任务量的 10 分;没有按照教学要求完成基本实训任务的 5 分。
答辩水平(15%)	陈述:条理、完整、重点突出	8	8	6	4	2	对实训过程及结果陈述时,思路清晰,内容完整,重点突出,语言表达准确、流畅,语速适中,语气坚定的 8 分;陈述思路清晰,内容完整,重点突出,语言表达基本准确、流畅,语速适中的 6 分;陈述思路清晰,内容基本完整,重点不明确,语言表达基本准确、流畅,语速较快或较慢的 4 分;陈述思路基本清晰,内容完整,重点不明确,语言表达不准确,语速较快或较慢的 2 分。
	回答问题:从容、流利、正确	7	7	5	3	1	在回答指导老师的现场提问时,问题回答正确,语言表达流畅,具有很强临场应变能力的 7 分;问题回答正确,语言表达基本流畅,具有较强临场应变能力的 5 分;问题回答基本正确,语言表达基本流畅,具有一定临场应变能力的 3 分;问题回答存在错误,临场应变能力较差的 1 分。
总评分数/等级							

根据量化总分评定等级:优(总评分数≥90),良(90<总评分数≥80),中(80<总评分数≥70),及格(<70 总评分数≥60),不及格(总评分数<60)。

第四章

建账资料

第一节 会计科目表

一、会计科目表

顺序号	编号	名称	顺序号	编号	名称
		一、资产类	50	2203	预收账款
1	1001	库存现金	51	2211	应付职工薪酬
2	1002	银行存款	52	2221	应交税费
3	1012	其他货币资金	53	2231	应付利息
4	1101	交易性金融资产	54	2241	其他应付款
5	1121	应收票据	55	2501	长期借款
6	1122	应收账款	56	2901	递延所得税负债
7	1123	预付账款			三、所有者权益
8	1131	应收利润	57	4001	实收资本
9	1221	其他应收款	58	4002	资本公积
10	1231	坏账准备	59	4003	其他综合收益
11	1402	在途物资	60	4101	盈余公积
12	1403	原材料	61	4103	本年利润
13	1405	库存商品	62	4104	利润分配
14	1406	发出商品			四、成本类
15	1411	周转材料	63	5001	生产成本
16	1471	存货跌价准备	64	5101	制造费用
17	1511	长期股权投资			五、损益类
18	1512	长期股权投资减值准备	65	6001	主营业务收入
19	1601	固定资产	66	6051	其他业务收入
20	1602	累计折旧	67	6101	公允价值变动损益
21	1603	固定资产减值准备	68	6111	投资收益
41	1606	固定资产清理	69	6301	营业外收入
42	1701	无形资产	70	6401	主营业务成本
43	1702	累计摊销	71	6402	其他业务成本
44	1703	无形资产减值准备	72	6405	税金及附加
45	1811	递延所得税资产	73	6601	销售费用
46	1901	待处理财产损溢	74	6602	管理费用
		二、负债类	75	6603	财务费用
47	2001	短期借款	76	6701	资产减值损失
48	2201	应付票据	77	6711	营业外支出
49	2202	应付账款	78	6801	所得税费用

二、客户和供应商信息资料

类别	序号	单位名称	纳税人识别号	开户行	账户	地址	邮编	电话	传真	联系人
客户	1	南海市机床经销公司	150113445672571	交通银行南海市长治路分行	6222520714481777	南海市长治路 M 号	030006	0561—7985555	0561—7985556	王　强
	2	福海贸易公司	150113442414251	中国农业银行南海市府东街支行	531001040004998	南海市府东街 N 号	030007	0561—7273456	0561—7273457	张　瑞
	3	泰安起重机厂	120412425357421	中国建设银行滨海市解放路分理处	6227003920060125282	滨海市解放路 X 号	050006	0391—7980449	0391—7980450	李　欣
	4	北方机电公司	140126423157892	中国光大银行中原市南内环分理处	39840188000082145	中原市南内环 X 号	040012	0371—7273049	0371—7273050	李　梅
	5	汉北有限公司	110312402856972	中国农业银行大江市五一路支行	531001040005660	大江市五一路 Z 号	030012	031—7271275	031—7271276	王思宇
	6	泰山公司	120412423574258	中国工商银行滨海市迎泽路支行	0200001009014413888	滨海市迎泽路 X 号	030086	0391—6698865	0391—6698866	李海峰
	7	远航公司	160245312545835	中国建设银行江宁市青年路分理处	6227003920060125202	江宁市青年路 X 号	070016	039—8965321	039—8965322	张祖华
供应商	1	淮北钢铁厂	150113445664235	中国农业银行南海市长江路支行	531001040004115	南海市长江路 Y 号	030096	0561—7950823	0561—7950824	李　红
	2	新伟钢铁厂	130231254232541	中国农业银行南江市北外环分理处	531001040003009	南江市北外环 Z 号	030052	0581—7275586	0581—7275587	张　珊
	3	长峰钢厂	150113445686935	中国光大银行南海市南内环支行	39840188000082186	南海市南内环 Z 号	030042	0561—7276652	0561—7276653	韩　丽
	4	新华标准件厂	150113445612583	中国工商银行南海市闽江路分理处	0200001009014413200	南海市闽江路 X 号	030062	0561—7357778	0561—7357779	赵美丽
	5	创新电子设备厂	150113444175042	中国工商银行南海市兴旺路支行	0200001009014413211	南海市兴旺路 Z 号	030042	0561—7355555	0561—7355556	孙雅莉
	6	新阳轴承厂	150113444435684	中国工商银行南海市远大路支行	0200001009014413253	南海市远大路 Z 号	030052	0561—7253344	0561—7253345	王　骏

第二节　各账户信息资料

一、各账户名称、账页格式及 20×5 年 12 月初有关账户余额

科目编号	总账科目	二级明细科目	三级明细科目	借方余额	贷方余额	辅助账类型	账页格式	所需账页数
1001	库存现金			238.50		日记账	日记账	
1002	银行存款			413 665.47			日记账	
100201		工商银行		389 815.47		日记账		
100202		中国银行		23 850.00		日记账		
1012	其他货币资金						甲式账	2 页
101201		银行汇票存款						
1101	交易性金融资产			156 500.00			甲式账	4 页
110101		阳光股份		156 500.00				
11010101			成本	148 500.00				
11010102			公允价值变动	8 000.00				
1121	应收票据			1 392 400.00		客户往来	甲式账	3 页
112101		北方机电公司（商业承兑汇票）		760 000.00				
112102		汉北有限公司（银行承兑汇票）		632 400.00				
1122	应收账款			1 610 000.00		客户往来	甲式账	8 页
112201		南海市机床经销公司		600 000.00				

续表

科目编号	总账科目	二级明细科目	三级明细科目	借方余额	贷方余额	辅助账类型	账页格式	所需账页数
112202		福海贸易公司		910 000.00				
112203		泰安起重机厂		100 000.00				
1221	其他应收款			1 280.00			甲式账	2 页
122101		南海市机床经销公司		1 280.00				
12210101			押金	1 280.00				
122102		职工借款				个人往来		
1231	坏账准备				267 000.00		甲式账	4 页
123101		福海贸易公司			232 000.00			
123102		南海市机床经销公司			30 000.00			
123103		泰安起重机厂			5 000.00			
1403	原材料			478 000.00			乙式账	15 页
140301		原材料		55 000.00				
14030101			圆钢	28 000.00		数量核算		
14030102			钢板	27 000.00		数量核算		
140302		外购半成品		322 400.00				
14030201			轴承	140 000.00		数量核算		
14030202			电机	7 1400.00		数量核算		
14030203			标准件	36 000.00		数量核算		
14030204			数控板	75 000.00		数量核算		
140303		辅助材料		100 600.00				
14030301			油漆	100 000.00		数量核算		
14030302			润滑油	600.00		数量核算		

续表

科目编号	总账科目	二级明细科目	三级明细科目	借方余额	贷方余额	辅助账类型	账页格式	所需账页数
1405	库存商品			1 352 513.40			乙式账	3 页
140501		A 型数控机床		842 256.00		数量核算		
140502		B 型数控机床		510 257.40		数量核算		
1406	发出商品			433 290.80			乙式账	3 页
140601		A 型数控机床		263 205.00		数量核算		
140602		B 型数控机床		170 085.80		数量核算		
1411	周转材料			17 800.00			乙式账	10 页
141101		低值易耗品		12 800.00				
14110101			工作服	500.00		数量核算		
14110102			手套	100.00		数量核算		
14110103			专用工具	2 000.00		数量核算		
14110104			扳手	200.00		数量核算		
14110105			螺钉	10 000.00		数量核算		
141102		包装物		5 000.00				
14110201			包装箱	5 000.00		数量核算		
1511	长期股权投资			1 150 000.00			甲式账	3 页
151101		伟业房地产公司		1 150 000.00				
15110101			成本	1 000 000.00				
15110102			损益调整	150 000.00				
1601	固定资产			5 120 370.00			固定资产明细账	30 页
160101		房屋建筑物		2 255 930.00				
16010101			办公楼	1 239 060.00				

续表

科目编号	总账科目	二级明细科目	三级明细科目	借方余额	贷方余额	辅助账类型	账页格式	所需账页数
16010102			机加工车间	516 350.00				
16010103			装配车间	450 260.00				
16010104			机修车间	50 260.00				
160102		机器设备		2 191 240.00				
16010201			车床 1	52 580.00				
16010202			车床 2	52 580.00				
16010203			铣床 1	86 800.00				
16010204			铣床 2	86 800.00				
16010205			磨床	48 500.00				
16010206			剪板机	35 000.00				
16010207			折弯机	45 800.00				
16010208			A 型数控机床装配线	853 800.00				
16010209			B 型数控机床装配线	903 580.00				
16010210			车床 3	18 500.00				
16010211			电焊机	7 300.00				
16010212			W 车床					
160103		运输工具		673 200.00				
16010301			桑塔纳轿车 1	83 500.00				
16010302			帕萨特轿车	225 600.00				
16010303			桑塔纳轿车 2	80 500.00				
16010304			五十铃客货车	158 000.00				

续表

科目编号	总账科目	二级明细科目	三级明细科目	借方余额	贷方余额	辅助账类型	账页格式	所需账页数
16010305			中型自卸货车	125 600.00				
1602	累计折旧				645 839.19		固定资产明细账	30 页
160201		房屋建筑物			138 739.90			
16020101			办公楼		76 202.19			
16020102			机加工车间		31 755.73			
16020103			装配车间		27 690.99			
16020104			机修车间		3 090.99			
160202		机器设备			306 079.50			
16020201			车床 1		8 533.33			
16020202			车床 2		6 035.77			
16020203			铣床 1		14 086.78			
16020204			铣床 2		9 963.82			
16020205			磨床		7 871.18			
16020206			剪板机		5 680.14			
16020207			折弯机		7 432.89			
16020208			A 型数控机床装配线		138 564.83			
16020209			B 型数控机床装配线		103 723.43			
16020210			车床 3		3 002.43			
16020211			电焊机		1 184.9			
16020212			W 车床					
160203		运输工具			201 019.79			

续表

科目编号	总账科目	二级明细科目	三级明细科目	借方余额	贷方余额	辅助账类型	账页格式	所需账页数
16020301			桑塔纳轿车 1		33 878.30			
16020302			帕萨特轿车		51 347.50			
16020303			桑塔纳轿车 2		23 101.69			
16020304			五十铃客货车		64 105.14			
16020305			中型自卸货车		28 587.16			
1701	无形资产			1 220 950.00			甲式账	3 页
170101		土地使用权(年限 50 年,土地使用权证)		1 152 000.00				
170102		专利技术		68 950.00				
1702	累计摊销				87 535.00		甲式账	3 页
170201		土地使用权			80 640.00			
170202		专利技术			6 895.00			
1811	递延所得税资产			66 750.00			甲式账	1 页
1901	待处理财产损溢						甲式账	2 页
190101		待处理流动资产财产损溢						
190102		待处理固定资产财产损溢						
2001	短期借款				2 000 000.00		甲式账	2 页
200101		中国银行			2 000 000.00			
2201	应付票据					供应商往来	甲式账	2 页
2202	应付账款				1 971 900.00	供应商往来	甲式账	9 页
220201		新伟钢铁厂			680 000.00			

续表

科目编号	总账科目	二级明细科目	三级明细科目	借方余额	贷方余额	辅助账类型	账页格式	所需账页数
220202		长峰钢厂			1 179 700.00			
220203		新华标准件厂			34 200.00			
220204		创新电子设备厂			98 000.00			
220205		新阳轴承厂		20 000.00				
2211	应付职工薪酬				376 558.40		甲式账	15 页
221101		短期薪酬			345 838.40			
22110101			工资		307 200.00			
22110102			福利费					
22110103			公积金		15 360.00			
22110104			医疗保险		1 0752.00			
22110105			工伤保险		921.60			
22110106			生育保险		1 228.80			
22110107			工会经费		5 072.00			
22110108			职工教育经费		5 304.00			
221102		离职后福利			3 0720.00			
22110201			养老保险		3 0720.00			
2221	应交税费				234 094.00		甲式账	10 页
222101		应交城市建设维护税			13 253.80			
222102		应交企业所得税			25 820.00			
222103		应交个人所得税						
222104		未交增值税			189 340.00			
222105		应交增值税			0		增值税多栏账	4 页

续表

科目编号	总账科目	二级明细科目	三级明细科目	借方余额	贷方余额	辅助账类型	账页格式	所需账页数
22210501		进项税额						
22210502		销项税额						
22210503		转出未交增值税						
222106		应交教育费附加			5 680.20			
222107		应交土地使用税						
222108		应交房产税						
222109		应交车船税						
2231	应付利息				7 088.89		甲式账	2 页
223101		中国银行			7 088.89			
2241	其他应付款						甲式账	5 页
224101		公积金						
224102		养老保险						
224103		医疗保险						
2901	递延所得税负债				2 000.00		甲式账	1 页
4001	实收资本				5 000 000.00		甲式账	3 页
400101		长达股份有限公司			1 250 000.00			
400102		蓝海股份公司			3 750 000.00			
4002	资本公积				250 000.00		甲式账	2 页
400201		其他资本公积			250 000.00			
4003	其他综合收益						甲式账	2 页
4101	盈余公积				205 206.50		甲式账	2 页
410101		法定盈余公积			205 206.50			

续表

科目编号	总账科目	二级明细科目	三级明细科目	借方余额	贷方余额	辅助账类型	账页格式	所需账页数
4103	本年利润				1 208 861.74		甲式账	1 页
4104	利润分配				1 432 674.45		甲式账	3 页
410401		未分配利润			1 432 674.45			
5001	生产成本			275 000.00			多栏式账	5 页
500101		A 型数控机床		185 000.00		项目核算		
500102		B 型数控机床		90 000.00		项目核算		
500103		辅助生产费用				项目核算		
5101	制造费用						多栏式账	30 页
510101		机加工车间						
51010101			工资			部门核算		
51010102			福利费			部门核算		
51010103			公积金			部门核算		
51010104			养老保险			部门核算		
51010105			医疗保险			部门核算		
51010106			工伤保险			部门核算		
51010107			生育保险			部门核算		
51010108			材料消耗			部门核算		
51010109			低值易耗品摊销			部门核算		
51010110			折旧费			部门核算		
51010111			水电费			部门核算		
51010112			电话费			部门核算		
51010113			办公费			部门核算		

续表

科目编号	总账科目	二级明细科目	三级明细科目	借方余额	贷方余额	辅助账类型	账页格式	所需账页数
51010114			其他			部门核算		
510102		装配车间						
51010201			工资					
51010202			福利费					
51010203			公积金					
51010204			养老保险					
51010205			医疗保险					
51010206			工伤保险					
51010207			生育保险					
51010208			材料消耗					
51010209			低值易耗品摊销					
51010210			折旧费					
51010211			水电费					
51010212			电话费					
51010213			办公费					
51010214			其他					
6601	销售费用						多栏式账	20页
660101		工资及福利费						
660102		公积金						
660103		医疗保险						
660104		养老保险						
660105		工伤保险						

续表

科目编号	总账科目	二级明细科目	三级明细科目	借方余额	贷方余额	辅助账类型	账页格式	所需账页数
660106		生育保险						
660107		工会经费						
660108		教育经费						
660109		折旧						
660110		运输费						
660111		广告费						
660112		差旅费						
660113		其他						
6602	管理费用						多栏式账	20页
660201		工资及福利费						
660202		公积金						
660203		医疗保险						
660204		养老保险						
660205		工伤保险						
660206		生育保险						
660207		工会经费						
660208		教育经费						
660209		折旧						
660210		无形资产摊销						
660211		业务招待费						
660212		差旅费						
660213		其他						

续表

科目编号	总账科目	二级明细科目	三级明细科目	借方余额	贷方余额	辅助账类型	账页格式	所需账页数
660215								
6603	财务费用						多栏式账	5页
660301		利息费用						
660302		现金折扣						
660303		手续费						
6711	营业外支出						甲式账	5页
671101								
671102		罚款						
671103		捐赠						

二、存货类账户设置及20×5年12月初余额

1."生产成本"账户及其12月初余额

"生产成本"的二级明细为：A型数控机床、B型数控机床、辅助生产费用(为机修车间发生的支出)。

三级明细为成本构成项目：直接材料、直接人工、制造费用。

成本项目 / 产品名称	直接材料	直接人工	制造费用	合计(元)
A型数控机床	149 600.00	11 400.00	24 000.00	185 000.00
B型数控机床	78 000.00	4 050.00	7 950.00	90 000.00

2."原材料"明细账户及其12月初余额

明细账户		计量单位	结存数量	单价	结存金额(元)
二级明细	三级明细				
原材料	圆钢	吨	8.75	3 200	28 000.00
	钢板	吨	9	3 000	27 000.00
外购半成品	轴承	套	500	280	140 000.00
	电机	台	51	1 400	71 400.00
	标准件	套	900	40	36 000.00
	数控板	个	150	500	75 000.00
外购半成品	油漆	千克	5 000	20	100 000.00
	润滑油	千克	60	10	600.00
合　计			—	—	478 000.00

3."周转材料"明细账户及其12月初余额

明细账户		计量单位	结存数量	单价	结存余额(元)
二级明细	三级明细				
低值易耗品	工作服	套	25	20	500.00
	手套	副	20	5	100.00
	专用工具	套	20	100	2 000.00
	扳手	把	40	5	200.00
	螺钉	盒	500	20	10 000.00
包装物	包装箱	个	100	50	5 000.00
合　计			—	—	17 800.00

4."库存商品"明细账及其12月初余额

明细账户	计量单位	结存数量	单价	结存金额(元)
A型数控机床	台	32	26 320.50	842 256.00
B型数控机床	台	30	17 008.58	510 257.40
合 计				1 352 513.40

5."发出商品"明细账及其12月初余额

明细账户	计量单位	结存数量	单价	结存金额(元)
A型数控机床	台	10	26 320.50	263 205.00
B型数控机床	台	10	17 008.58	170 085.80
合 计				433 290.80

三、应收账款账龄表

20×5年12月1日

客 户	应收账款金额	账 龄	坏账计提比例(%)	坏账计提金额
南海市机床经销公司	600 000.00	3个月	5	30 000.00
福海贸易公司	250 000.00	2年5个月	40	100 000.00
	450 000.00	1年10个月	20	90 000.00
	210 000.00	1年8个月	20	42 000.00
小 计	910 000.00			232 000.00
泰安起重机厂	100 000.00	2个月	5	5 000.00
合 计	1 610 000.00			267 000.00

四、固定资产台账信息

类　别	项目名称	用途	购建时间	入账价值	预计净残值率(%)	预计使用年限	年折旧率(%)	20×5年11月底累计折旧额
房屋建筑物	办公楼	管理活动	20×2.6.20	1 239 060.00	10	50	1.8	76 202.19
	机加工车间	产品生产	20×2.6.20	516 350.00	10	50	1.8	31 755.73
	装配车间	产品生产	20×2.6.20	450 260.00	10	50	1.8	27 690.99
	机修车间	产品生产	20×2.6.20	50 260.00	10	50	1.8	3 090.99
	小　计			2 255 930.00				138 739.90
机器设备	车床1	产品生产	20×2.6.20	52 580.00	5	20	4.75	8 533.33
	车床2	产品生产	20×3.6.5	52 580.00	5	20	4.75	6 035.77
	铣床1	产品生产	20×2.6.20	86 800.00	5	20	4.75	14 086.78
	铣床2	产品生产	20×3.6.5	86 800.00	5	20	4.75	9 963.82
	磨床	产品生产	20×2.6.20	48 500.00	5	20	4.75	7 871.18
	剪板机	产品生产	20×2.6.20	35 000.00	5	20	4.75	5 680.14
	折弯机	产品生产	20×2.6.20	45 800.00	5	20	4.75	7 432.89
	机加工车间小计			408 060.00				59 603.91
	A型数控机床装配线	产品生产	20×2.6.20	853 800.00	5	20	4.75	138 564.83
	B型数控机床装配线	产品生产	20×3.6.20	903 580.00	5	20	4.75	103 723.43
	装配车间小计			1 757 380.00				242 288.26
	车床3		20×2.6.20	18 500.00	5	20	4.75	3 002.43
	电焊机(2个)	产品生产	20×2.6.20	7 300.00	5	20	4.75	1 184.9
	机修车间小计			25 800.00				4 187.33
	机器设备小计			2 191 240.00				306 079.50

续表

类 别	项目名称	用途	购建时间	入账价值	预计净残值率(%)	预计使用年限	年折旧率(%)	20×5 年 11 月底累计折旧额
运输工具	桑塔纳轿车 1	管理活动	20×2.6.20	83 500.00	5	8 年	11.875	33 878.30
	帕萨特轿车	管理活动	20×3.12.20	225 600.00	5	8 年	11.875	51 347.50
	桑塔纳轿车 2	管理活动	20×3.6.20	80 500.00	5	8 年	11.875	23 101.69
	五十铃客货车(1 吨)2 辆	管理活动	20×2.6.20	158 000.00	5	8 年	11.875	64 105.14
	中型自卸货车(6 吨)1 辆	运输业务	20×3.12.1	125 600.00	5	8 年	11.875	28 587.16
	小 计			673 200.00				201 019.79
	合 计			5 120 370.00				645 839.19

五、无形资产明细表

项目名称	取得时间	入账价值	预计使用年限	年摊销率(%)	20×5 年 11 月底累计摊销额
土地使用权	20×2.6.20	1 152 000.00	50	2	80 640.00
生产专利技术(机加工车间)	20×4.12.8	68 950.00	10	10	6 895.00

第五章

记录及证明20×5年12月份经济业务发生的原始凭证

1-1

中国工商银行
现金支票存根

$\frac{B}{0}\frac{B}{2}$ 20131201

附加信息

出票日期 20×5年12月01日

收款人:祥瑞制造有限责任公司
金　额:¥8 000.00
用　途:备用金

单位主管　　　会计

2—1

1100131140　　　　**增值税专用发票**　　　　№ 00131201

此联不作报销、扣税凭证使用　　开票日期：20×5 年 12 月 1 日

购货单位	名　　称：泰山公司 纳税人识别号：120412423574258 地 址 、电 话：滨海市迎泽路×号 0391—6698865 开户行及账号：中国工商银行滨海市迎泽路支行 0200001009014413888	密码区	6098-1<9-7-61342284 8<032/52>9/29563-4974 1626<8-3024>81106-2 -47-6<7>2* —/>* >6/	加密版本： 0197040 3745210 0357834

货物或应税劳务名称	规格型号	单位	数量	单价	金额	税率	税额
数控机床	A 型	台	10	36 000.00	360 000.00	13%	46 800.00
合　计					¥360 000.00		¥46 800.00
价税合计(大写)	⊗肆拾万陆仟捌佰元整				(小写)¥406 800.00		

销货单位	名　　称：祥瑞制造有限责任公司 纳税人识别号：150113445672867 地 址 、电 话：南海市朝阳区朝阳东街 66 号 0561—69986559 开户行及账号：中国工商银行南海市分行 267—50660526	备注	

收款人：杨杰　　复核：张瑞英　　开票人：杨杰　　销货单位：(章)

第一联 记账联 销货方记账凭证

2—2

1100131140　　　　**增值税专用发票**　　　　№ 00131201

此联不作报销、扣税凭证使用　　开票日期：20×5 年 12 月 1 日

购货单位	名　　称：泰山公司 纳税人识别号：120412423574258 地 址 、电 话：滨海市迎泽路×号 0391—6698865 开户行及账号：中国工商银行滨海市迎泽路支行 0200001009014413888	密码区	6098-1<9-7-61342284 8<032/52>9/29563-4974 1626<8-3024>81106-2 -47-6<7>2* —/>* >6/	加密版本： 0197040 3745210 0357834

货物或应税劳务名称	规格型号	单位	数量	单价	金额	税率	税额
数控机床	A 型	台	10	36 000.00	360 000.00	13%	46 800.00
合　计					¥360 000.00		¥46 800.00
价税合计(大写)	⊗肆拾万陆仟捌佰元整				(小写)¥406 800.00		

销货单位	名　　称：祥瑞制造有限责任公司 纳税人识别号：150113445672867 地 址 、电 话：南海市朝阳区朝阳东街 66 号 0561—69986559 开户行及账号：中国工商银行南海市分行 267—50660526	备注	

收款人：杨杰　　复核：张瑞英　　开票人：杨杰　　销货单位：(章)

第四联 存根联 销货方留存

2—3

货物运输业增值税专用发票

1100133130　　　　№ 00131201

此联不作报销、扣税凭证使用　　　　开票日期:20×5年12月1日

承运人及纳税人识别号	祥瑞制造有限责任公司 150113445672867	密码区	6098-1<9-7-61342284＊1626<8-3024>81106-2 8<032/52>9/263-4974＊-47-6<7>2＊-/>6/ 1626<8-3024>81106-2＊284＊1626<8-3024/>＊ -47-6<7>2＊-/>＊>6/ ＊＊06-2＊284＊167>2
实际受票方及纳税人识别号	泰山公司 120412423574258		
收货人及纳税人识别号	泰山公司 120412423574258	发货人及纳税人识别号	祥瑞制造有限责任公司 150113445672867
起运地、经由、到达地	南海到滨海		
费用项目及金额	费用项目：运费　金额：30 000.00　费用项目　金额	运输货物信息	数控机床
合计金额	¥30 000.00　税率 10%　税额 ¥3 000.00	机器编号	499900650899
价税合计(大写)	⊗叁万叁仟元整	(小写)	¥33 000.00
车种车号	车船吨位	备注	
主管税务机关及代码	南海市国家税务局 111001608		

收款人:杨杰　　复核:张瑞英　　开票人:杨杰　　销货单位:(章)

第一联 记账联 承运人记账凭证

2—4

货物运输业增值税专用发票

1100133130　　　　№ 00131201

此联不作报销、扣税凭证使用　　　　开票日期:20×5年12月1日

承运人及纳税人识别号	祥瑞制造有限责任公司 150113445672867	密码区	6098-1<9-7-61342284＊1626<8-3024>81106-2 8<032/52>9/263-4974＊-47-6<7>2＊-/>6/ 1626<8-3024>81106-2＊284＊1626<8-3024/>＊ -47-6<7>2＊-/>＊>6/ ＊＊06-2＊284＊167>2
实际受票方及纳税人识别号	泰山公司 120412423574258		
收货人及纳税人识别号	泰山公司 120412423574258	发货人及纳税人识别号	祥瑞制造有限责任公司 150113445672867
起运地、经由、到达地	南海到滨海		
费用项目及金额	费用项目：运费　金额：30 000.00　费用项目　金额	运输货物信息	数控机床
合计金额	¥30 000.00　税率 10%　税额 ¥3 000.00	机器编号	499900650899
价税合计(大写)	⊗叁万叁仟元整	(小写)	¥33 000.00
车种车号	车船吨位	备注	
主管税务机关及代码	南海市国家税务局 111001608		

收款人:杨杰　　复核:张瑞英　　开票人:杨杰　　销货单位:(章)

第四联 存根联 承运人留存

2—5

出 库 单

出货单位:祥瑞制造有限责任公司　　20×5年12月1日　　第1201号

提货单位或领货部门	泰山公司	销售单号		发出仓库	产成品库
编 号	名 称	规 格	单 位	数 量	
				应 发	实 发
	数控机床	A型	台	10	10
合 计				10	10

记账联

仓库负责人:王 林　　发货人:王 方

2—6

中国工商银行 进 账 单(收账通知) 3

20×5年12月1日

出票人	全 称	泰山公司	收款人	全 称	祥瑞制造有限责任公司
	账 号	0200001009014413888		账 号	267—50660526
	开户银行	中国工商银行滨海市迎泽路支行		开户银行	中国工商银行南海市分行

金额	人民币(大写)	千	百	十	万	千	百	十	元	角	分
	叁万叁仟元整			¥	3	3	0	0	0	0	0

票据种类		票据张数	
票据号码			

中国工商银行南海市分行 20X5.12.01 转 讫 (1)

复核:张瑞英　　记账:杨杰　　收款人开户银行签章

此联是收款人开户银行交给付款人的收账通知

2—7

销售合同

供方：祥瑞制造有限责任公司　　　　合同编号：XR12001

需方：泰山公司　　　　签订时间：20×5年12月1日

经双方友好协商，签订如下合同：

一、产品名称、规格、型号、数量、金额、供货时间：

序号	名称	规格型号	单位	数量	单价(元)	金额(元)	附注
	数控机床	A型	台	10	36 000.00	360 000.00	
	合计					¥360 000.00	
货款总计(大写)	叁拾陆万元整						

二、质量要求、技术标准：符合国家同类产品质量标准

三、交货日期：20×5年12月10日前

四、交货地点：需方仓库，由供方负责承运，运杂费用由需方承担。

五、产品验收地点、方法及提出异议期限：由需方按本合同约定标准及本合同附件验收，有质量异议在收货后十日内提出，需方未在上述期限内提出异议视为需方验收合格。

六、结算方式及期限：

需方须将本合同项下的所有款项支付到供方指定的账户上，如以现金方式支付，须事先征得供方财务部门同意。

现金折扣条件：2/10，1/20，n/30

七、违约责任：违约方须赔偿对方一切经济损失。但遇天灾人祸或其他人力不能控制之因素而导致延误交货，需方不能要求供方赔偿任何损失。

解决合同纠纷的方式：经双方友好协商解决，如协商不成的，可向当地仲裁委员会提出申诉解决。

本合同一式两份，供需双方各执一份，自签订之日起生效。

未尽事宜，双方协商一致并另行签订补充协议，补充协议与本合同具有同等法律效力。

供方(盖章)：
税号：150113445672867
开户行及账号：中国工商银行南海市分行 267—50660520
地址：南海市朝阳区朝阳东街66号
法定代表：李栋梁
联系电话：0561—69986559

需方(盖章)：
税号：120412423574258
开户行及账号：中国工商银行滨海市迎泽路支行 0200001009014413888
地址：滨海市迎泽路X号
法定代表：李江峰
联系电话：0391—6698865

（印章：祥瑞制造有限责任公司 150113445672867）
（印章：泰山公司 120412423574258）

3—1

中国工商银行 进 账 单（收账通知） 3

20×5年12月2日

出票人	全　称	北方机电公司	收款人	全　称	祥瑞制造有限责任公司
	账　号	39840188000082145		账　号	267—50660526
	开户银行	中国光大银行中原市南内环分理处		开户银行	中国工商银行南海市分行

			千	百	十	万	千	百	十	元	角	分
金额	人民币（大写）	柒拾陆万元整		¥	7	6	0	0	0	0	0	0

票据种类	汇票	票据张数	1
票据号码	2635—1		
复核：张瑞英	记账：杨杰		中国工商银行南海市分行 20X5.12.02 转讫 (1) 收款人开户银行签章

此联是收款人开户银行交给付款人的收账通知

3—2

托收凭证（汇款依据或收账通知）

委托日期　20×5年12月2日

业务类型	委托收款（□邮划 ■电划）	托收承付（□邮划 □电划）			
付款人	全　称	北方机电公司	收款人	全　称	祥瑞制造有限责任公司
	账　号	39840188000082145		账　号	267—50660526
	开户银行	中国光大银行中原市南内环分理处		开户银行	中国工商银行南海市分行
	地　址	中原市南内环X号		地　址	南海市朝阳区朝阳东街66号

			亿	千	百	十	万	千	百	十	元	角	分
金额	人民币（大写）	柒拾陆万元整			¥	7	6	0	0	0	0	0	0

款项内容	货款	托收凭据名称	商业承兑汇票	附寄单证张数	1
商品发运情况	已经送达	合同名称号码	425789763		
备注： 复核：李阳　　记账：吴梅		上列款项已划回收入你方账户内。 收款人开户银行签章 2015年12月2日	中国工商银行南海市分行 20X5.12.02 转讫 (1)		

此联作付款人开户行凭以汇款或收款人开户银行作收款通知

3—3

中国光大银行**商业承兑汇票**

出票日期 20×5年10月2日 汇票号码:2635—1

出票人	全称	北方机电公司	收款人	全称	祥瑞制造有限责任公司
	账号	39840188000082145		账号	267—50660526
	开户银行	中国光大银行中原市南内环分理处		开户银行	中国工商银行南海市分行

出票金额	人民币(大写)	亿	千	百	十	万	千	百	十	元	角	分
	柒拾陆万元整			¥	7	6	0	0	0	0	0	0

汇票到期日	20×5年12月2日	交易合同号码	425789765

本汇票已经本单位承兑,到期日无条件支付票款。 汇票签发人盖章

负责人:韩磊磊 经办人:吴梅

4—1

增值税专用发票

1100131140 抵扣联 № 05304383

开票日期:20×5年12月2日

购货单位	名称:祥瑞制造有限责任公司 纳税人识别号:150113445672867 地址、电话:南海市朝阳区朝阳东街66号 0561—69986559 开户行及账号:中国工商银行南海市分行 267—50660526	密码区	6098-1＜9-7-61342284 加密版本: 8＜032/52＞9/29563-4974 0197040 1626＜8-3024＞81106-2 3745210 -47-6＜7＞2* —/＞* ＞6/ 0357834

货物或应税劳务名称	规格型号	单位	数量	单价	金额	税率	税额
钢板		吨	60	3 080.00	184 800.00	13%	24 024.00
合计					¥184 800.00		¥24 024.00
价税合计(大写)	⊗贰拾万捌仟捌佰贰拾肆元整				(小写)¥208 824.00		

销货单位	名称:长峰钢厂 纳税人识别号:150113445686935 地址、电话:南海市南内环Z号 0561—7276652 开户行及账号:中国光大银行南海市南内环支行 39840188000082186	备注	

收款人:刘玉梅 复核:张宁 开票人:刘玉梅 销货单位:(章)

第二联 抵扣联 购货方扣税凭证

4－2

1100131140

增值税专用发票

发 票 联

全国统一发票监制章 国家税务总局监制

№ 05304383

开票日期:20×5 年 12 月 2 日

购货单位	名　　　称:祥瑞制造有限责任公司 纳税人识别号:150113445672867 地 址 、电 话:南海市朝阳区朝阳东街 66 号 0561－69986559 开户行及账号:中国工商银行南海市分行 267－50660526	密码区	6098-1<9-7-61342284　加密版本: 8<032/52>9/29563-4974　0197040 1626<8-3024>81106-2　3745210 -47-6<7>2*－/>*>6/　0357834

货物或应税劳务名称	规格型号	单位	数量	单价	金额	税率	税额
钢板		吨	60	3 080.00	184 800.00	13%	24 024.00
合　计					¥184 800.00		¥24 024.00
价税合计(大写)	⊗贰拾万捌仟捌佰贰拾肆元整				(小写)¥208 824.00		

销货单位	名　　　称:长峰钢厂 纳税人识别号:150113445686935 地 址 、电 话:南海市南内环 Z 号 0561－7276652 开户行及账号:中国光大银行南海市南内环支行 39840188000082186	备注	长峰钢厂 发票专用章 150113445686935

收款人:刘玉梅　　复核:张宁　　开票人:刘玉梅　　销货单位:(章)

第三联　发票联　购货方记账凭证

4—3

购销合同

供方：长峰钢厂　　　　合同编号：CF12005

需方：祥瑞制造有限责任公司　　　　签订时间：20×5年12月2日

经双方友好协商，签订如下合同：

一、产品名称、规格、型号、数量、金额、供货时间：

序号	名称	规格型号	单位	数量	单价(元)	金额(元)	附注
	钢板		吨	60	3 080.00	184 800.00	
	合计					¥184 800.00	
货款总计(大写)		壹拾捌万肆仟捌佰元整					

二、质量要求、技术标准：符合国家同类产品质量标准

三、交货日期：20×5年12月12日前

四、交货地点：需方仓库，由需方自行负责运输。

五、产品验收地点、方法及提出异议期限：由需方按本合同约定标准及本合同附件验收，有质量异议在收货后十日内提出，需方未在上述期限内提出异议视为需方验收合格。

六、结算方式及期限：

需方须将本合同项下的所有款项支付到供方指定的账户上，如以现金方式支付，须事先征得供方财务部门同意。

现金折扣条件：2/10，1/20，n/30

七、违约责任：违约方须赔偿对方一切经济损失。但遇天灾人祸或其他人力不能控制之因素而导致延误交货，需方不能要求供方赔偿任何损失。

解决合同纠纷的方式：经双方友好协商解决，如协商不成的，可向当地仲裁委员会提出申诉解决。

本合同一式两份，供需双方各执一份，自签订之日起生效。

未尽事宜，双方协商一致并另行签订补充协议，补充协议与本合同具有同等法律效力。

供方(盖章)：长峰钢厂 150113445686935	需方(盖章)：祥瑞制造有限责任公司 150113445672867
税号：150113445686935	税号：150113445672867
开户行及账号：中国光大银行南海市南内环支行 398401880000082186	开户行及账号：中国工商银行南海市分行 267—50660526
地址：南海市南内环Z号	地址：南海市朝阳区朝阳东街66号
法定代表：韩丽	法定代表：李栋梁
联系电话：0561—7276652	联系电话：0561—69986559

4—4

入　库　单

20×5年12月2日　　　　　　第1201号

收货单位或收货部门	祥瑞制造有限责任公司	购货单号	05306380	收入仓库	原材料库
编　号	名　称	规　格	单　位	数　量	
				应　发	实　发
	钢板		吨	60	60
合　计				60	60

仓库负责人：王 林　　　　　　收货人：李 明

记账联

5—1

增值税专用发票

1100136140　　　　抵扣联　　　　№ 07303620

开票日期：20×5年12月3日

购货单位	名　　称：祥瑞制造有限责任公司 纳税人识别号：150113445672867 地 址 、电 话：南海市朝阳区朝阳东街66号 0561－69986559 开户行及账号：中国工商银行南海市分行 267－50660526	密码区	6098-1＜9-7-61342284 8＜032/52＞9/29563-4974 1626＜8-3024＞81106-2 -47-6＜7＞2*－/＞*＞6/	加密版本： 0197040 3745210 0357834

货物或应税劳务名称	规格型号	单位	数量	单价	金　额	税率	税额
轴承		套	300	300.00	90 000.00	13%	11 700.00
合　计					¥90 000.00		¥11 700.00
价税合计（大写）	⊗壹拾万壹仟柒佰元整				（小写）¥101 700.00		

销货单位	名　　称：新阳轴承厂 纳税人识别号：150113444435684 地 址 、电 话：南海市远大路Z号 0561－7253344 开户行及账号：中国工商银行南海市远大路支行 0200001009014413253	备注	新阳轴承厂 发票专用章 150113444435684

收款人：刘名扬　　　复核：张凯　　　开票人：刘名扬　　　销货单位（章）

第二联　抵扣联　购货方扣税凭证

5—2

增值税专用发票

1100136140　　　　发票联　　　　№ 07303620

开票日期:20×5 年 12 月 3 日

购货单位	名　　称:祥瑞制造有限责任公司 纳税人识别号:150113445672867 地 址 、电 话:南海市朝阳区朝阳东街 66 号 0561－69986559 开户行及账号:中国工商银行南海市分行 267－50660526	密码区	6098-1<9-7-61342284　加密版本: 8<032/52>9/29563-4974　0197040 1626<8-3024>81106-2　3745210 -47-6<7>2*－/>*>6/　0357834

货物或应税劳务名称	规格型号	单位	数量	单价	金额	税率	税额
轴承		套	300	300.00	90 000.00	13%	11 700.00
合　计					¥90 000.00		¥11 700.00
价税合计(大写)	⊗壹拾万壹仟柒佰元整				(小写)¥101 700.00		

销货单位	名　　称:新阳轴承厂 纳税人识别号:150113444435684 地 址 、电 话:南海市远大路 Z 号 0561－7253344 开户行及账号:中国工商银行南海市远大路支行 0200001009014413253	备注	新阳轴承厂 发票专用章 150113444435684

收款人:刘名扬　　复核:张凯　　开票人:刘名扬　　销货单位:(章)

第三联　发票联　购货方记账凭证

5—3

购销合同

供方：新阳轴承厂　　　　　　　　合同编号：XY12208

需方：祥瑞制造有限责任公司　　　签订时间：20×5年12月3日

经双方友好协商，签订如下合同：

一、产品名称、规格、型号、数量、金额、供货时间：

序号	名　称	规格型号	单位	数量	单价(元)	金额(元)	附注
	轴承		套	300	300.00	90 000.00	
	合　计					¥90 000.00	
货款总计(大写)		玖万元整					

二、质量要求、技术标准：符合国家同类产品质量标准

三、交货日期：20×5年12月13日前

四、交货地点：需方仓库，由需方自行负责运输。

五、产品验收地点、方法及提出异议期限：由需方按本合同约定标准及本合同附件验收，有质量异议在收货后十日内提出，需方未在上述期限内提出异议视为需方验收合格。

六、结算方式及期限：

需方须将本合同项下的所有款项支付到供方指定的账户上，如以现金方式支付，须事先征得供方财务部门同意。

七、违约责任：违约方须赔偿对方一切经济损失。但遇天灾人祸或其他人力不能控制之因素而导致延误交货，需方不能要求供方赔偿任何损失。

解决合同纠纷的方式：经双方友好协商解决，如协商不成的，可向当地仲裁委员会提出申诉解决。

本合同一式两份，供需双方各执一份，自签订之日起生效。

未尽事宜，双方协商一致并另行签订补充协议，补充协议与本合同具有同等法律效力。

供方(盖章)：

税号：150113444435684

开户行及账号：中国工商银行南海市远大路支行 0200001009014413253

地址：南海市远大路Z号

法定代表：王骏

联系电话：0561—7253344

需方(盖章)：

税号：150113445672867

开户行及账号：中国工商银行南海市分行 267—50660526

地址：南海市朝阳区朝阳东街66号

法定代表：李栋梁

联系电话：0561—69986559

5—4

入　库　单

20×5年12月3日　　　　第1202号

收货单位或收货部门	祥瑞制造有限责任公司	购货单号	07303620	收入仓库	外购半成品库
编　号	名　称	规　格	单　位	数　量	
				应　发	实　发
	轴承		套	300	300
合　计				300	300

记账联

仓库负责人：王 林　　　　收货人：李 明

6—1

增值税专用发票

1100131140　　　　№ 00131202

全国统一发票监制章 国家税务总局监制

此联不作报销 扣税凭证使用　　开票日期：20×5年12月3日

购货单位	名　　称：南海市机床经销公司 纳税人识别号：150113445672571 地 址 、电 话：南海市长治路M号 0561—7985555 开户行及账号：交通银行南海市长治路分行 6222520714481777	密码区	6098-1<9-7-61342284 8<032/52>9/29563-4974 1626<8-3024>81106-2 -47-6<7>2*－/>*>6/	加密版本： 0197040 3745210 0357834

货物或应税劳务名称	规格型号	单位	数量	单价	金　额	税率	税额
数控机床	B型	台	30	25 000.00	750 000.00	13%	97 500.00
合　计					￥750 000.00		￥97 500.00
价税合计(大写)	⊗捌拾肆万柒仟伍佰元整				(小写)￥847 500.00		

销货单位	名　　称：祥瑞制造有限责任公司 纳税人识别号：150113445672867 地 址 、电 话：南海市朝阳区朝阳东街66号 0561—69986559 开户行及账号：中国工商银行南海市分行 267—50660526	备注	

第一联　记账联　销货方记账凭证

收款人：杨杰　　复核：张瑞英　　开票人：杨杰　　销货单位：(章)

6—2

增值税专用发票

1100131140　　　　　　　　　　　　　　　　№ 00131202

此联不作报销 扣税凭证使用　　开票日期：20×5年12月3日

购货单位	名　　称：南海市机床经销公司 纳税人识别号：150113445672571 地 址 、电 话：南海市长治路M号 0561—7985555 开户行及账号：交通银行南海市长治路分行 6222520714481777	密码区	6098-1<9-7-61342284 8<032/52>9/29563-4974 1626<8-3024>81106-2 -47-6<7>2*—/>*>6/ 加密版本：0197040 3745210 0357834

货物或应税劳务名称	规格型号	单位	数量	单价	金额	税率	税额
数控机床	B型	台	30	25 000.00	750 000.00	13%	97 500.00
合　计					￥750 000.00		￥97 500.00
价税合计（大写）	⊗捌拾肆万柒仟伍佰元整				（小写）￥847 500.00		

销货单位	名　　称：祥瑞制造有限责任公司 纳税人识别号：150113445672867 地 址 、电 话：南海市朝阳区朝阳东街66号 0561—69986559 开户行及账号：中国工商银行南海市分行 267—50660526	备注	

收款人：杨杰　　复核：张瑞英　　开票人：杨杰　　销货单位：（章）

第四联 存根联 销货方留存

6—3

货物运输业增值税专用发票

1100133130　　　　　　　　　　　　　　　　№ 00131202

此联不作报销 扣税凭证使用　　开票日期：20×5年12月3日

承运人及纳税人识别号	祥瑞制造有限责任公司 150113445672867	密码区	6098-1<9-7-61342284*1626<8-3024>81106-2 8<032/52>9/263-4974*-47-6<7>2*-/>6/ 1626<8-3024>81106-2*284*1626<8-3024/>* -47-6<7>2*-/>*>6/ **06-2*284*167>2
实际受票方及纳税人识别号	南海市机床经销公司 150113445672571		
收货人及纳税人识别号	南海市机床经销公司 150113445672571	发货人及纳税人识别号	祥瑞制造有限责任公司 150113445672867
起运地、经由、到达地	朝阳区到长治路		

费用项目及金额	费用项目	金　额	费用项目	金　额	运输货物信息	数控机床
	运费	3 000.00				

合计金额	￥3 000.00	税率	10%	税额	￥300.00	机器编号	499900650899
计税合计（大写）	⊗叁仟叁佰元整				（小写）￥3 300.00		
车种车号		车船吨位		备注			
主管税务机关及代码	南海市国家税务局 111001608						

收款人：杨杰　　复核：张瑞英　　开票人：杨杰　　销货单位：（章）

第一联 记账联 承运人记账凭证

6—4

货物运输业增值税专用发票

1100133130　　　　　　　　　　　　　　　　№ 00131202

此联不作报销、扣税凭证使用　　　　开票日期:20×5年12月3日

承运人及纳税人识别号	祥瑞制造有限责任公司 150113445672867	密码区	6098-1<9-7-61342284＊1626<8-3024>81106-2 8<032/52>9/263-4974＊-47-6<7>2＊-/>6/ 1626<8-3024>81106-2＊284＊1626<8-3024/>＊ -47-6<7>2＊-/>＊>6/ ＊＊06-2＊284＊167>2
实际受票方及纳税人识别号	南海市机床经销公司 150113445672571		
收货人及纳税人识别号	南海市机床经销公司 150113445672571	发货人及纳税人识别号	祥瑞制造有限责任公司 150113445672867
起运地、经由、到达地	朝阳区到长治路		
费用项目及金额	费用项目：运费　金额：3 000.00 费用项目　金额	运输货物信息	数控机床
合计金额	¥3 000.00	税率 10%　税额 ¥300.00	机器编号 499900650899
计税合计(大写)	⊗叁仟叁佰元整		(小写)¥3 300.00
车种车号		车船吨位	备注
主管税务机关及代码	南海市国家税务局 111001608		

第四联　存根联　承运人留存

收款人:杨杰　　复核:张瑞英　　开票人:杨杰　　销货单位:(章)

6—5

销售合同

供方：祥瑞制造有限责任公司　　合同编号：XR12002

需方：南海市机床经销公司　　签订时间：20×5年12月3日

经双方友好协商，签订如下合同：

一、产品名称、规格、型号、数量、金额、供货时间：

序号	名　称	规格型号	单位	数量	单价(元)	金额(元)	附注
	数控机床	B型	台	30	25 000.00	750 000.00	
	合　计					¥750 000.00	
货款总计(大写)		柒拾伍万元整					

二、质量要求、技术标准：符合国家同类产品质量标准

三、交货日期：20×5年12月13日前

四、交货地点：需方仓库，由供方负责承运，运杂费用由需方承担。

五、产品验收地点、方法及提出异议期限：由需方按本合同约定标准及本合同附件验收，有质量异议在收货后十日内提出，需方未在上述期限内提出异议视为需方验收合格。

六、结算方式及期限：

需方须将本合同项下的所有款项支付到供方指定的账户上，如以现金方式支付，须事先征得供方财务部门同意。

七、违约责任：违约方须赔偿对方一切经济损失。但遇天灾人祸或其他人力不能控制之因素而导致延误交货，需方不能要求供方赔偿任何损失。

解决合同纠纷的方式：经双方友好协商解决，如协商不成的，可向当地仲裁委员会提出申诉解决。

本合同一式两份，供需双方各执一份，自签订之日起生效。

未尽事宜，双方协商一致并另行签订补充协议，补充协议与本合同具有同等法律效力。

供方(盖章)：祥瑞制造有限责任公司 150113445672867

税号：150113445672867

开户行及账号：中国工商银行南海市分行 267－50660526

地址：南海市朝阳区朝阳东街66号

法定代表：李栋梁

联系电话：0561—69986550

需方(盖章)：南海市机床经销公司 7150113445672571

税号：150113445672571

开户行及账号：交通银行南海市长治路分行 6222520714481777

地址：南海市长治路M号

法定代表：王　强

联系电话：0561—7985555

6－6

出 库 单

出货单位:祥瑞制造有限责任公司　　20×5 年 12 月 3 日　　第 1202 号

提货单位或领货部门	南海市机床经销公司	销售单号		发出仓库	产成品库
编 号	名 称	规 格	单 位	数 量	
				应 发	实 发
	数控机床	B型	台	30	30
合 计				30	30

仓库负责人:王 林　　　　发货人:王 方

记账联

6－7

中国工商银行 进 账 单(收账通知) 3

20×5 年 12 月 3 日

出票人	全 称	南海市机床经销公司	收款人	全 称	祥瑞制造有限责任公司
	账 号	6222520714481777		账 号	267－50660526
	开户银行	交通银行南海市长治路分行		开户银行	中国工商银行南海市分行

金额	人民币(大写)	捌拾伍万零捌佰元整	千	百	十	万	千	百	十	元	角	分
				¥	8	5	0	8	0	0	0	0

票据种类		票据张数	
票据号码			

复核:张瑞英　　记账:杨杰

中国工商银行南海市分行
20X5.12.03
转 讫
(1)

收款人开户银行签章

此联是收款人开户银行交给收款人的收账通知

7—1

增值税专用发票

抵扣联

2100134140　　　　No 08306393

开票日期:20×5年12月4日

购货单位	名　　称:祥瑞制造有限责任公司 纳税人识别号:150113445672867 地 址 、电 话:南海市朝阳区朝阳东街66号0561—69986559 开户行及账号:中国工商银行南海市分行267—50660526	密码区	6098-1<9-7-61342284　加密版本: 8<032/52>9/29563-4974　0197040 1626<8-3024>81106-2　3745210 -47-6<7>2*—/>*>6/　0357834

货物或应税劳务名称	规格型号	单位	数量	单价	金额	税率	税额
钢板		吨	160	3 000.00	480 000.00	13%	62 400.00
合　计					￥480 000.00		￥62 400.00
价税合计(大写)	⊗伍拾肆万贰仟肆佰元整				(小写)￥542 400.00		

销货单位	名　　称:新伟钢铁厂 纳税人识别号:130231254232541 地 址 、电 话:南江市北外环Z号0581—7275586 开户行及账号:中国农业银行南江市北外环分理处 531001040003009	备注	新伟钢铁人 发票专用章 130231254232541

收款人:张洁　　复核:李毅　　开票人:张洁　　销货单位:(章)

第二联 抵扣联 购货方扣税凭证

7—2

增值税专用发票

发票联

2100134140　　　　No 08306393

开票日期:20×5年12月4日

购货单位	名　　称:祥瑞制造有限责任公司 纳税人识别号:150113445672867 地 址 、电 话:南海市朝阳区朝阳东街66号0561—69986559 开户行及账号:中国工商银行南海市分行267—50660526	密码区	6098-1<9-7-61342284　加密版本: 8<032/52>9/29563-4974　0197040 1626<8-3024>81106-2　3745210 -47-6<7>2*—/>*>6/　0357834

货物或应税劳务名称	规格型号	单位	数量	单价	金额	税率	税额
钢板		吨	160	3 000.00	480 000.00	13%	62 400.00
合　计					￥480 000.00		￥62 400.00
价税合计(大写)	⊗伍拾肆万贰仟肆佰元整				(小写)￥542 400.00		

销货单位	名　　称:新伟钢铁厂 纳税人识别号:130231254232541 地 址 、电 话:南江市北外环Z号0581—7275586 开户行及账号:中国农业银行南江市北外环分理处 531001040003009	备注	新伟钢铁人 发票专用章 130231254232541

收款人:张洁　　复核:李毅　　开票人:张洁　　销货单位:(章)

第三联 发票联 购货方记账凭证

7—3

货物运输业增值税专用发票

2100136130　　　抵扣联　　　№ 08305289

开票日期：20×5年12月4日

承运人及纳税人识别号	新伟钢铁厂 130231254232541	密码区	6098-1<9-7-61342284＊1626<8-3024>81106-2 8<032/52>9/263-4974＊-47-6<7>2＊-/>6/ 1626<8-3024>81106-2＊284＊1626<8-3024/>＊ -47-6<7>2＊-/>＊>6/ ＊＊06-2＊284＊167>2
实际受票方及纳税人识别号	祥瑞制造有限责任公司 150113445672867		
收货人及纳税人识别号	祥瑞制造有限责任公司 150113445672867	发货人及纳税人识别号	新伟钢铁厂 130231254232541
起运地、经由、到达地	南江到南海		
费用项目及金额	费用项目：运费　金额：28 000.00　费用项目　金额	运输货物信息	钢板
合计金额	¥28 000.00　税率 10%　税额 ¥2 800.00	机器编号	499900650899
计税合计(大写)	⊗叁万零捌佰元整	(小写)	¥30 800.00
车种车号	车船吨位	备注	
主管税务机关及代码	南江市国家税务局 111021008		

收款人：张洁　　复核：李毅　　开票人：张洁　　销货单位：(章)

第二联 抵扣联 受票方扣税凭证

7—4

货物运输业增值税专用发票

2100136130　　　发票联　　　№ 08305289

开票日期：20×5年12月4日

承运人及纳税人识别号	新伟钢铁厂 130231254232541	密码区	6098-1<9-7-61342284＊1626<8-3024>81106-2 8<032/52>9/263-4974＊-47-6<7>2＊-/>6/ 1626<8-3024>81106-2＊284＊1626<8-3024/>＊ -47-6<7>2＊-/>＊>6/ ＊＊06-2＊284＊167>2
实际受票方及纳税人识别号	祥瑞制造有限责任公司 150113445672867		
收货人及纳税人识别号	祥瑞制造有限责任公司 150113445672867	发货人及纳税人识别号	新伟钢铁厂 130231254232541
起运地、经由、到达地	南江到南海		
费用项目及金额	费用项目：运费　金额：28 000.00　费用项目　金额	运输货物信息	钢板
合计金额	¥28 000.00　税率 10%　税额 ¥2 800.00	机器编号	499900650899
计税合计(大写)	⊗叁万零捌佰元整	(小写)	¥30 800.00
车种车号	车船吨位	备注	
主管税务机关及代码	南江市国家税务局 111021008		

收款人：张洁　　复核：李毅　　开票人：张洁　　销货单位：(章)

第三联 发票联 受票方记账凭证

7—5

购销合同

供方：新伟钢铁厂　　　　合同编号：XW12507

需方：祥瑞制造有限责任公司　　　　签订时间：20×5年12月4日

经双方友好协商，签订如下合同：

一、产品名称、规格、型号、数量、金额、供货时间：

序号	名　称	规格型号	单位	数量	单价(元)	金额(元)	附注
	钢板		吨	160	3 000.00	480 000.00	
	合　计					¥480 000.00	
货款总计(大写)		肆拾捌万元整					

二、质量要求、技术标准：符合国家同类产品质量标准

三、交货日期：20×5年12月14日前

四、交货地点：需方仓库，由供方负责承运，运杂费用由需方承担。

五、产品验收地点、方法及提出异议期限：由需方按本合同约定标准及本合同附件验收，有质量异议在收货后十日内提出，需方未在上述期限内提出异议视为需方验收合格。

六、结算方式及期限：

需方须将本合同项下的所有款项支付到供方指定的账户上，如以现金方式支付，须事先征得供方财务部门同意。

七、违约责任：违约方须赔偿对方一切经济损失。但遇天灾人祸或其他人力不能控制之因素而导致延误交货，需方不能要求供方赔偿任何损失。

解决合同纠纷的方式：经双方友好协商解决，如协商不成的，可向当地仲裁委员会提出申诉解决。

本合同一式两份，供需双方各执一份，自签订之日起生效。

未尽事宜，双方协商一致并另行签订补充协议，补充协议与本合同具有同等法律效力。

供方(盖章)：（印章：新伟钢铁厂 130231254232541）	需方(盖章)：（印章：祥瑞制造有限责任公司 150113445672867）
税号：130231254232541	税号：150113445672867
开户行及账号：中国农业银行南江市北外环分理处 531001040003009	开户行及账号：中国工商银行南海市分行 267—50680526
地址：南江市北外环乙号	地址：南海市朝阳区朝阳东街66号
法定代表：张　珊	法定代表：李栋梁
联系电话：0581—7275586	联系电话：0561—69986559

7—6

入　库　单

20×5年12月4日　　　　第1203号

收货单位或收货部门	祥瑞制造有限责任公司	购货单号	08306393	收入仓库	原材料库
编　号	名　称	规　格	单　位	数　量	
				应　发	实　发
	钢板		吨	160	160
合　计				160	160

记账联

仓库负责人:王 林　　　　收货人:李 明

7—7

银行承兑汇票承兑协议

编号：016609832

收款人全称：新伟钢铁厂
开 户 银 行：中国农业银行南江市北外环分理处
账　　　号：531001040003009
付款人全称：祥瑞制造有限责任公司
开 户 银 行：中国工商银行南海市分行
账　　　号：267－50660526

银行承兑汇票号码：30800063 汇票金额（大写）：伍拾柒万叁仟贰佰元整
签发日期：20×51204 到期日期：20×60304

以上汇票经承兑银行承兑，承兑申请人（下称申请人）愿遵守《支付结算办法》的规定及下列条款：

1. 申请人于汇票到期日期将应付票款足额交存承兑银行。

2. 承兑手续费按票面金额千分之（壹）计算，在银行承兑时一次付清。

3. 承兑汇票如发生任何交易纠纷，均由收付双方自行处理。票款于到期前仍按第一条办理不误。

4. 承兑汇票到期日，承兑银行凭票无条件支付票款。如到期日之前申请人不能足额交付票款时，承兑银行对不足支付部分的票款转作承兑申请人逾期贷款，并按照有关规定计收罚息。

5. 承兑汇票款付清后，本协议始自动失效。本协议第一、二联分别由承兑银行信贷部门和承兑申请人存执，协议副本由银行会计部门存查。

承兑银行：（公章）　　　　承兑申请人：（公章）

法定代表人（或授权代理人）：　　　　法定代表人（或授权代理人）：

签订日期：20×5年12月04日

7—8

银行承兑汇票（存根）　3

$\frac{B}{0}$ $\frac{B}{1}$ 30800063

出票日期（大写）　贰零某陆年壹拾贰月零肆日

出票人全称	祥瑞制造有限责任公司	收款人	全　　称	新伟钢铁厂
出票人账号	267—50660526		账　　号	531001040003009
付款行全称	中国工商银行南海市分行		开户银行	中国农业银行南江市北外环分理处
出票金额	人民币（大写）　伍拾柒万叁仟贰佰元整		亿 千 百 十 万 千 百 十 元 角 分	¥ 5 7 3 2 0 0 0 0
汇票到期日（大写）	贰零壹陆年零叁月零肆日	付款行	行号	308257000012
承兑协议编号	20×5 年南字第 016609832 号		地址	南海市朝阳东街 251 号
		备注：		

此联由出票人存查

8—1

领　料　单

领料部门：机加工车间

用　　途：生产 A 型数控机床　　　20×5 年 12 月 4 日　　　第 011201 号

材料			单　位	数　量	
编　号	名　称	规　格		请　领	实　发
	钢板		吨	40	40
合　计				40	40

记账联

仓库负责人：王林　　　发料人：李明　　　领料部门负责人：赵旭　　　领料人：郑敏

8—2

领　料　单

领料部门:机加工车间

用　　途:生产B型数控机床　　　20×5年12月4日　　　　第011202号

材料			单位	数量	
编号	名称	规格		请领	实发
	钢板		吨	25	25
合计				25	25

记账联

仓库负责人:王林　　　发料人:李明　　　领料部门负责人:赵旭　　　领料人:郑敏

8—3

出　库　单

出货单位:祥瑞制造有限责任公司　　　20×5年12月4日　　　　第1203号

提货单位或领货部门	机加工车间	销售单号		发出仓库	原材料库
编号	名称	规格	单位	数量	
				应发	实发
	钢板		吨	65	65
合计				65	65

记账联

仓库负责人:王 林　　　　　　　　发货人:李 明

9—1

借　款　单

20×5年12月5日

单位或部门	采购部	借款人姓名	王　健	借款事由	出差
申请借款金额	金额(大写)伍仟元整　　¥5 000.00				
批准金额	金额(大写)伍仟元整　　¥5 000.00				
总经理：	分管经理:张力		财务负责人:张伟		部门负责人:张建平

9—2

中国工商银行
现金支票存根

B/0 B/2　20131202

附加信息

出票日期 20×5年12月05日

收款人:	祥瑞制造有限责任公司
金　额:	¥5 000.00
用　途:	暂借款

单位主管　　　会计

10—1

增值税专用发票

1100137140　　　　No 05372587

抵扣联

开票日期：20×5年12月5日

购货单位	名　　称：祥瑞制造有限责任公司 纳税人识别号：150113445672867 地 址 、电 话：南海市朝阳区朝阳东街66号 0561—69986559 开户行及账号：中国工商银行南海市分行 267—50660526	密码区	6098-1<9-7-61342284 8<032/52>9/29563-4974 1626<8-3024>81106-2 -47-6<7>2*—/>*>6/ 加密版本：0197040 3745210 0357834

货物或应税劳务名称	规格型号	单位	数量	单价	金　额	税率	税额
圆钢		吨	200	3 280.00	656 000.00	13%	85 280.00
合　计					¥656 000.00		¥85 280.00
价税合计(大写)	⊗柒拾肆万壹仟贰佰捌拾元整				(小写)¥741 280.00		

销货单位	名　　称：淮北钢铁厂 纳税人识别号：150113445664235 地 址 、电 话：南海市长江路Y号 0561—7950823 开户行及账号：中国农业银行南海市长江路支行 531001040004115	备注	淮北钢铁厂 发票专用章 150113445664235

收款人：赵洋　　复核：张家明　　开票人：赵洋　　销货单位：(章)

第二联　抵扣联　购货方扣税凭证

10—2

增值税专用发票

1100137140　　　　No 05372587

发票联

开票日期：20×5年12月5日

购货单位	名　　称：祥瑞制造有限责任公司 纳税人识别号：150113445672867 地 址 、电 话：南海市朝阳区朝阳东街66号 0561—69986559 开户行及账号：中国工商银行南海市分行 267—50660526	密码区	6098-1<9-7-61342284 8<032/52>9/29563-4974 1626<8-3024>81106-2 -47-6<7>2*—/>*>6/ 加密版本：0197040 3745210 0357834

货物或应税劳务名称	规格型号	单位	数量	单价	金　额	税率	税额
圆钢		吨	200	3 280.00	656 000.00	13%	85 280.00
合　计					¥656 000.00		¥85 280.00
价税合计(大写)	⊗柒拾肆万壹仟贰佰捌拾元整				(小写)¥741 280.00		

销货单位	名　　称：淮北钢铁厂 纳税人识别号：150113445664235 地 址 、电 话：南海市长江路Y号 0561—7950823 开户行及账号：中国农业银行南海市长江路支行 531001040004115	备注	淮北钢铁厂 发票专用章 150113445664235

收款人：赵洋　　复核：张家明　　开票人：赵洋　　销货单位：(章)

第三联　发票联　购货方记账凭证

10－3

货物运输业增值税专用发票

1100138130　　　　抵扣联　　　　№ 05372952

开票日期：20×5 年 12 月 5 日

承运人及纳税人识别号	淮北钢铁厂 150113445664235	密码区	6098-1<9-7-61342284＊1626<8-3024>81106-2 8<032/52>9/263-4974＊-47-6<7>2＊-/>6/ 1626<8-3024>81106-2＊284＊1626<8-3024/>＊ -47-6<7>2＊-/>＊>6/ ＊＊06-2＊284＊167>2
实际受票方及纳税人识别号	祥瑞制造有限责任公司 150113445672867		
收货人及纳税人识别号	祥瑞制造有限责任公司 150113445672867	发货人及纳税人识别号	淮北钢铁厂 150113445664235
起运地、经由、到达地	长江路到朝阳区		
费用项目及金额	费用项目：运费　金额：3 000.00　费用项目　金额	运输货物信息	圆钢
合计金额	¥3 000.00	税率 10%　税额 ¥300.00	机器编号 499900650899
计税合计（大写）	⊗叁仟叁佰元整		（小写）¥3 300.00
车种车号		车船吨位	备注
主管税务机关及代码	南海市国家税务局 111001608		

收款人：赵洋　　复核：张家明　　开票人：赵洋　　销货单位：（章）

第二联　抵扣联　受票方扣税凭证

（印章：全国统一发票监制章　国家税务总局监制；淮北钢铁厂　发票专用章　150113445664235）

10－4

货物运输业增值税专用发票

1100138130　　　　发票联　　　　№ 05372952

开票日期：20×5 年 12 月 5 日

承运人及纳税人识别号	淮北钢铁厂 150113445664235	密码区	6098-1<9-7-61342284＊1626<8-3024>81106-2 8<032/52>9/263-4974＊-47-6<7>2＊-/>6/ 1626<8-3024>81106-2＊284＊1626<8-3024/>＊ -47-6<7>2＊-/>＊>6/ ＊＊06-2＊284＊167>2
实际受票方及纳税人识别号	祥瑞制造有限责任公司 150113445672867		
收货人及纳税人识别号	祥瑞制造有限责任公司 150113445672867	发货人及纳税人识别号	淮北钢铁厂 150113445664235
起运地、经由、到达地	长江路到朝阳区		
费用项目及金额	费用项目：运费　金额：3 000.00　费用项目　金额	运输货物信息	圆钢
合计金额	¥3 000.00	税率 10%　税额 ¥300.00	机器编号 499900650899
计税合计（大写）	⊗叁仟叁佰元整		（小写）¥3 300.00
车种车号		车船吨位	备注
主管税务机关及代码	南海市国家税务局 111001608		

收款人：赵洋　　复核：张家明　　开票人：赵洋　　销货单位：（章）

第三联　发票联　受票方记账凭证

（印章：全国统一发票监制章　国家税务总局监制；淮北钢铁厂　发票专用章　150113445664235）

10—5

购销合同

供方：淮北钢铁厂　　　　合同编号：HB10211

需方：祥瑞制造有限责任公司　　　　签订时间：20×5年12月5日

经双方友好协商，签订如下合同：

一、产品名称、规格、型号、数量、金额、供货时间：

序号	名　称	规格型号	单位	数量	单价(元)	金额(元)	附注
	圆钢		吨	200	3 280.00	656 000.00	
	合　计					¥656 000.00	
货款总计(大写)	陆拾伍万陆仟元整						

二、质量要求、技术标准：符合国家同类产品质量标准

三、交货日期：20×5年12月15日前

四、交货地点：需方仓库，由供方负责承运，运杂费用由需方承担。

五、产品验收地点、方法及提出异议期限：由需方按本合同约定标准及本合同附件验收，有质量异议在收货后十日内提出，需方未在上述期限内提出异议视为需方验收合格。

六、结算方式及期限：

需方须将本合同项下的所有款项支付到供方指定的账户上，如以现金方式支付，须事先征得供方财务部门同意。

七、违约责任：违约方须赔偿对方一切经济损失。但遇天灾人祸或其他人力不能控制之因素而导致延误交货，需方不能要求供方赔偿任何损失。

解决合同纠纷的方式：经双方友好协商解决，如协商不成的，可向当地仲裁委员会提出申诉解决。

本合同一式两份，供需双方各执一份，自签订之日起生效。

未尽事宜，双方协商一致并另行签订补充协议，补充协议与本合同具有同等法律效力。

供方(盖章)：　　　　需方(盖章)：

税号：150113445664235　　　　税号：150113445672867

开户行及账号：中国农业银行南海市长江路支行 531002040004110　　　　开户行及账号：中国工商银行南海市分行 267—50660326

地址：南海市长江路Y号　　　　地址：南海市朝阳区朝阳东街66号

法定代表：李　红　　　　法定代表：李栋梁

联系电话：0561—7950823　　　　联系电话：0561—69986559

10－6

入　库　单

20×5 年 12 月 5 日　　　　第 1204 号

收货单位或收货部门	祥瑞制造有限责任公司	购货单号	05372587	收入仓库	原材料库
编　号	名　称	规　格	单　位	数　量	
				应　发	实　发
	圆钢		吨	200	200
合　计				200	200

记账联

仓库负责人：王 林　　　　收货人：李 明

10－7

中国工商银行
转账支票存根

$\frac{\mathbf{B}}{0}\ \frac{\mathbf{B}}{2}$　20131201

附加信息

出票日期 20×5 年 12 月 05 日

收款人：	淮北钢铁厂
金　额：	￥744 580.00
用　途：	货款

单位主管　　　会计

11—1

现金盘点报告表

单位名称：祥瑞制造有限责任公司　　　　盘点日：20×5年12月5日

实存金额	账存金额	实存账存对比		备注：
		盘　盈	盘　亏	
684.80	678.00	6.80		

财务负责人：张伟　　　　出纳：杨杰

12—1

关于对现金盘盈的处理决定

本公司20×5年12月5日盘点现金时发生现金长款6.80元，经查，原因不明，批准转为营业外收入处理。

审批人：张伟

祥瑞制造有限责任公司

20×5年12月6日

祥瑞制造有限责任公司 财务专用章 150113445672867

13—1

增值税专用发票

抵扣联

1100135140 　　　　№ 03609275

开票日期：20×5年12月6日

购货单位	名　　称：祥瑞制造有限责任公司 纳税人识别号：150113445672867 地 址 、电 话：南海市朝阳区朝阳东街66号 0561—69986559 开户行及账号：中国工商银行南海市分行 267—50660526	密码区	6098-1<9-7-61342284　加密版本： 8<032/52>9/29563-4974　0197040 1626<8-3024>81106-2　3745210 -47-6<7>2* —/>*>6/　0357834

货物或应税劳务名称	规格型号	单位	数量	单价	金　额	税率	税额
标准件		套	500	40.00	20 000.00	13%	2 600.00
数控板		个	200	500.00	100 000.00	13%	13 000.00
合　计					¥120 000.00		¥15 600.00
价税合计(大写)	⊗壹拾叁万伍仟陆佰元整				(小写)¥135 600.00		

销货单位	名　　称：新华标准件厂 纳税人识别号：150113445612583 地 址 、电 话：南海市闽江路X号 0561—7357778 开户行及账号：中国工商银行南海市闽江路分理处 0200001009014413200	备注	新华标准件厂 发票专用章 150113445612583

收款人：钱江涛　　复核：孙铭杰　　开票人：钱江涛　　销货单位：(章)

第二联 抵扣联 购货方扣税凭证

13—2

增值税专用发票

发票联

1100135140 　　　　№ 03609275

开票日期：20×5年12月6日

购货单位	名　　称：祥瑞制造有限责任公司 纳税人识别号：150113445672867 地 址 、电 话：南海市朝阳区朝阳东街66号 0561—69986559 开户行及账号：中国工商银行南海市分行 267—50660526	密码区	6098-1<9-7-61342284　加密版本： 8<032/52>9/29563-4974　0197040 1626<8-3024>81106-2　3745210 -47-6<7>2* —/>*>6/　0357834

货物或应税劳务名称	规格型号	单位	数量	单价	金　额	税率	税额
标准件		套	500	40.00	20 000.00	13%	2 600.00
数控板		个	200	500.00	100 000.00	13%	13 000.00
合　计					¥120 000.00		¥15 600.00
价税合计(大写)	⊗壹拾叁万伍仟陆佰元整				(小写)¥135 600.00		

销货单位	名　　称：新华标准件厂 纳税人识别号：150113445612583 地 址 、电 话：南海市闽江路X号 0561—7357778 开户行及账号：中国工商银行南海市闽江路分理处 0200001009014413200	备注	新华标准件厂 发票专用章 150113445612583

收款人：钱江涛　　复核：孙铭杰　　开票人：钱江涛　　销货单位：(章)

第三联 发票联 购货方记账凭证

13—3

购 销 合 同

供方：**新华标准件厂**　　　　合同编号：XH20109

需方：**祥瑞制造有限责任公司**　　　　签订时间：20×5 年 12 月 6 日

经双方友好协商，签订如下合同：

一、产品名称、规格、型号、数量、金额、供货时间：

序号	名　称	规格型号	单位	数量	单价(元)	金额(元)	附注
	标准件		**套**	**500**	**40.00**	**20 000.00**	
	数控板		**个**	**200**	**500.0**	**100 000.00**	
	合　计					**￥120 000.00**	
货款总计(大写)		**壹拾贰万元整**					

二、质量要求、技术标准：**符合国家同类产品质量标准**

三、交货日期：**20×5 年 12 月 16 日前**

四、交货地点：**需方仓库，由需方自行负责运输。**

五、产品验收地点、方法及提出异议期限：由需方按本合同约定标准及本合同附件验收，有质量异议在收货后十日内提出，需方未在上述期限内提出异议视为需方验收合格。

六、结算方式及期限：

需方须将本合同项下的所有款项支付到供方指定的账户上，如以现金方式支付，须事先征得供方财务部门同意。

七、违约责任：违约方须赔偿对方一切经济损失。但遇天灾人祸或其他人力不能控制之因素而导致延误交货，需方不能要求供方赔偿任何损失。

解决合同纠纷的方式：经双方友好协商解决，如协商不成的，可向当地仲裁委员会提出申诉解决。

本合同一式两份，供需双方各执一份，自签订之日起生效。

未尽事宜，双方协商一致并另行签订补充协议，补充协议与本合同具有同等法律效力。

供方(盖章)：	需方(盖章)：
税号：150113445612583	税号：150113445672867
开户行及账号：中国工商银行南海市闽江路分理处 0200001009014413200	开户行及账号：中国工商银行南海市分行 267—50660526
地址：南海市闽江路 X 号	地址：南海市朝阳区朝阳东街 66 号
法定代表：赵美丽	法定代表：李栋梁
联系电话：0561—7357778	联系电话：0561—69986559

13—4

入 库 单

20×5年12月6日　　　　第1205号

收货单位或收货部门	祥瑞制造有限责任公司	购货单号	03609275	收入仓库	外购半成品库
编　号	名　称	规　格	单　位	数　量	
				应　发	实　发
	标准件		套	500	500
	数控板		个	200	200
合　计				700	700

记账联

仓库负责人：王 林　　　　收货人：李 明

13—5

中国工商银行

转账支票存根

$\frac{B}{0}\frac{B}{2}$ 20131202

附加信息

出票日期 20×5年12月06日

收款人：新华标准件厂
金　额：¥135 600.00
用　途：货款

单位主管　　会计

14—1

销 售 合 同

供方：祥瑞制造有限责任公司　　　　合同编号：XR12003

需方：南海机床经销公司　　　　签订时间：20×5年12月6日

经双方友好协商，签订如下合同：

一、产品名称、规格、型号、数量、金额、供货时间：

序号	名　称	规格型号	单位	数量	单价(元)	金额(元)	附注
	数控机床	A型	台	5	36 000.00	180 000.00	
	合　计					¥180 000.00	
货款总计(大写)		壹拾捌万元整					

二、质量要求、技术标准：符合国家同类产品质量标准

三、交货日期：20×5年12月16日前

四、交货地点：需方仓库，由供方负责承运并承担运杂费用。

五、产品验收地点、方法及提出异议期限：由需方按本合同约定标准及本合同附件验收，有质量异议在收货后十日内提出，需方未在上述期限内提出异议视为需方验收合格。

六、结算方式及期限：

需方须将本合同项下的所有款项支付到供方指定的账户上，如以现金方式支付，须事先征得供方财务部门同意。

现金折扣条件：2/10，1/20，n/30

七、违约责任：违约方须赔偿对方一切经济损失。但遇天灾人祸或其他人力不能控制之因素而导致延误交货，需方不能要求供方赔偿任何损失。

解决合同纠纷的方式：经双方友好协商解决，如协商不成的，可向当地仲裁委员会提出申诉解决。

本合同一式两份，供需双方各执一份，自签订之日起生效。

未尽事宜，双方协商一致并另行签订补充协议，补充协议与本合同具有同等法律效力。

供方(盖章)：祥瑞制造有限责任公司 150113445672867

税号：150113445672867

开户行及账号：中国工商银行南海市分行 267—50660526

地址：南海市朝阳区朝阳东街66号

法定代表：李栋梁

联系电话：0561—69986559

需方(盖章)：南海机床经销公司 150113445672571

税号：150113445672571

开户行及账号：交通银行南海市长治路分行 6222520714481777

地址：南海市长治路M号

法定代表：王　强

联系电话：0561—7985555

14—2

出 库 单

出货单位:祥瑞制造有限责任公司　　20×5 年 12 月 6 日　　第 1204 号

提货单位或领货部门	南海市机床经销公司	销售单号		发出仓库	产成品库
编 号	名 称	规 格	单 位	数 量	
				应 发	实 发
	数控机床	A 型	台	5	5
合 计				5	5

记账联

仓库负责人:王 林　　发货人:李 明

14—3

增值税专用发票

1100131140　　№ 00131203

此联不作报销 扣税凭证使用　　开票日期:20×5 年 12 月 6 日

购货单位	名 称:南海市机床经销公司 纳税人识别号:150113445672571 地 址、电 话:南海市长治路 M 号 0561—7985555 开户行及账号:交通银行南海市长治路分行 6222520714481777				密码区	6098-1<9-7-61342284 8<032/52>9/29563-4974 1626<8-3024>81106-2 -47-6<7>2* —/>* >6/	加密版本: 0197040 3745210 0357834
货物或应税劳务名称	规格型号	单位	数量	单价	金额	税率	税额
数控机床	A 型	台	5	36 000.00	180 000.00	13%	23 400.00
合 计					¥180 000.00		¥23 400.00
价税合计(大写)	⊗贰拾万叁仟肆佰元整				(小写)¥203 400.00		
销货单位	名 称:祥瑞制造有限责任公司 纳税人识别号:150113445672867 地 址、电 话:南海市朝阳区朝阳东街 66 号 0561—69986559 开户行及账号:中国工商银行南海市分行 267—50660526				备注		

第一联 记账联 销货方记账凭证

收款人:杨杰　　复核:张瑞英　　开票人:杨杰　　销货单位:(章)

14—4

增值税专用发票

1100131140　　　　№ 00131203

此联不作报销、扣税凭证使用　　开票日期：20×5 年 12 月 6 日

购货单位	名　　称：南海市机床经销公司 纳税人识别号：150113445672571 地 址 、电 话：南海市长治路 M 号 0561—7985555 开户行及账号：交通银行南海市长治路分行 6222520714481777			密码区	6098-1<9-7-61342284 8<032/52>9/29563-4974 1626<8-3024>81106-2 -47-6<7>2* —/>*>6/	加密版本： 0197040 3745210 0357834	
货物或应税劳务名称	规格型号	单位	数量	单价	金　额	税率	税额
数控机床	A 型	台	5	36 000.00	180 000.00	13%	23 400.00
合　计					¥180 000.00		¥23 400.00
价税合计(大写)	⊗贰拾万叁仟肆佰元整				(小写)¥203 400.00		
销货单位	名　　称：祥瑞制造有限责任公司 纳税人识别号：150113445672867 地 址 、电 话：南海市朝阳区朝阳东街 66 号 0561—69986559 开户行及账号：中国工商银行南海市分行 267—50660526			备注			

第四联 存根联 销货方留存

收款人：杨杰　　复核：张瑞英　　开票人：杨杰　　销货单位：(章)

14—5

货物运输业增值税专用发票

1100132130　　　　№ 05270811

抵扣联　　开票日期：20×5 年 12 月 6 日

承运人及纳税人识别号	南海市汽车运输有限责任公司 150113425801412		密码区	6098-1<9-7-61342284*1626<8-3024>81106-2 8<032/52>9/263-4974*-47-6<7>2*-/>6/ 1626<8-3024>81106-2*284*1626<8-3024/>* -47-6<7>2*-/>*>6/ **06-2*284*167>2		
实际受票方及纳税人识别号	祥瑞制造有限责任公司 150113445672867					
收货人及纳税人识别号	南海市机床经销公司 150113445672571		发货人及纳税人识别号	祥瑞制造有限责任公司 150113445672867		
起运地、经由、到达地	朝阳区到长治路					
费用项目及金额	费用项目：运费 金　额：2 500.00	费用项目　金　额	运输货物信息	数控机床		
合计金额	¥2 500.00	税率 10%	税额 ¥250. 00	机器编号 499900650899		
计税合计(大写)	⊗贰仟柒佰伍拾元整			(小写)¥2 750.00		
车种车号		车船吨位	备注	南海市汽车运输有限责任公司 150113425801412 发票专用章		
主管税务机关及代码	南海市国家税务局 111001608					

第二联 抵扣联 受票方扣税凭证

收款人：王力敏　　复核：李勇　　开票人：王力敏　　承运人：(章)

14－6

货物运输业增值税专用发票

1100132130　　　　　　　　　　　　　　　　　　№ 05270811

发票联　　　　　　　　　　　　　　开票日期：20×5 年 12 月 6 日

承运人及纳税人识别号	南海市汽车运输有限责任公司 150113425801412	密码区	6098-1<9-7-61342284＊1626<8-3024>81106-2 8<032/52>9/263-4974＊-47-6<7>2＊-/>6/ 1626<8-3024>81106-2＊284＊1626<8-3024/>＊ -47-6<7>2＊-/>＊>6/ ＊＊06-2＊284＊167>2
实际受票方及纳税人识别号	祥瑞制造有限责任公司 150113445672867		
收货人及纳税人识别号	南海市机床经销公司 150113445672571	发货人及纳税人识别号	祥瑞制造有限责任公司 150113445672867
起运地、经由、到达地	朝阳区到长治路		

费用项目及金额	费用项目	金额	费用项目	金额	运输货物信息	数控机床
	运费	2 500.00				

合计金额	¥2 500.00	税率	10%	税额	¥250.00	机器编号	199900650899
计税合计（大写）	⊗贰仟柒佰伍拾元整				（小写）¥2 750.00		
车种车号		车船吨位		备注			
主管税务机关及代码	南海市国家税务局 111001608						

收款人：王力敏　　复核：李勇　　开票人：王力敏　　承运人：（章）

第三联　发票联　受票方记账凭证

14－7

中国工商银行
转账支票存根

$\frac{B}{0}$ $\frac{B}{2}$ 20131203

附加信息

出票日期 20×5 年 12 月 06 日

收款人：南海市汽车运输有限责任公司
金　额：¥2 750.00
用　途：运费

单位主管　　会计

15—1

领　料　单

领料部门:机加工车间

用　　途:生产A型数控机床　　20×5年12月7日　　第011203号

材料			单位	数量	
编号	名称	规格		请领	实发
	圆钢		吨	50	50
合计				50	50

记账联

仓库负责人:王林　　发料人:李明　　领料部门负责人:赵旭　　领料人:郑敏

15—2

领　料　单

领料部门:机加工车间

用　　途:生产B型数控机床　　20×5年12月7日　　第011204号

材料			单位	数量	
编号	名称	规格		请领	实发
	圆钢		吨	30	30
合计				30	30

记账联

仓库负责人:王林　　发料人:李明　　领料部门负责人:赵旭　　领料人:郑敏

15—3

出　库　单

出货单位:祥瑞制造有限责任公司　　20×5年12月7日　　第1205号

提货单位或领货部门	机加工车间	销售单号		发出仓库	原材料库
编　号	名　称	规　格	单　位	数　量	
				应　发	实　发
	圆钢		吨	80	80
合　计				80	80

记账联

仓库负责人:王 林　　　　发货人:李 明

16—1

领　料　单

领料部门:装配车间

用　　途:装配A型数控机床　　20×5年12月7日　　第021201号

材　料			单　位	数　量	
编　号	名　称	规　格		请　领	实　发
	轴承		套	300	300
合　计				300	300

记账联

仓库负责人:王林　　发料人:李明　　领料部门负责人:马连奎　　领料人:江峰

16－2

领　料　单

领料部门:装配车间

用　　途:装配B型数控机床　　　20×5年12月7日　　　第021202号

材料			单位	数量	
编号	名称	规格		请领	实发
	轴承		套	200	200
合计				200	200

记账联

仓库负责人:王林　　发料人:李明　　领料部门负责人:马连奎　　领料人:江峰

16－3

出　库　单

出货单位:祥瑞制造有限责任公司　　　20×5年12月7日　　　第1206号

提货单位或领货部门	装配车间	销售单号		发出仓库	外购半成品库
编号	名称	规格	单位	数量	
				应发	实发
	轴承		套	500	500
合计				500	500

记账联

仓库负责人:王　林　　　　发货人:李　明

17—1

报　销　单

填报日期　20×5年12月7日

姓　名	赵　龙	所属部门	财务会计部	报销形式:现金	
				支票号码	
报销项目		金额	报销项目		金额
印花税票		100.00			
			以上单据共1张　金额小计¥100.00		
总金额(大写)零万零仟壹佰零拾零元零角零分整			预支金额:0	实付金额:100	
总经理:李栋梁　分管经理:　财务负责人:张伟　部门负责人:张伟　报销人:赵龙					

现金付讫

17—2

收　据

入账日期:20×5年12月7日

交款单位　祥瑞制造有限责任公司　收款方式　现金

人民币(大写)壹佰元整　¥100.00

收款事由　印花税票

第二联　交给付款单位

南海市地方税务局　现金缴款专用章

单位盖章:　财会主管:　记账:　出纳:王明　审核:　经办:王明

18—1

增值税专用发票

1100138140　　　　　　　　抵扣联　　　　　　№ 05830928

开票日期:20×5年12月8日

购货单位	名　　称:祥瑞制造有限责任公司 纳税人识别号:150113445672867 地 址、电 话:南海市朝阳区朝阳东街66号 0561—69986559 开户行及账号:中国工商银行南海市分行 267—50660526	密码区	6098-1<9-7-61342284　加密版本: 8<032/52>9/29563-4974　0197040 1626<8-3024>81106-2　3745210 -47-6<7>2* —/>*>6/　0357834

货物或应税劳务名称	规格型号	单位	数量	单价	金额	税率	税额
电机		台	50	1 400.00	70 000.00	13%	9 100.00
合　计					¥70 000.00		¥9 100.00
价税合计(大写)	⊗柒万玖仟壹佰元整				(小写)¥79 100.00		

销货单位	名　　称:创新电子设备厂 纳税人识别号:150113444175042 地 址、电 话:南海市兴旺路Z号 0561—7355555 开户行及账号:中国工商银行南海市兴旺路支行 0200001009014413211	备注	创新电子设备厂 150113444175042 发票专用章

收款人:吴玉婷　　复核:张宁　　开票人:吴玉婷　　销货单位:(章)

第二联 抵扣联 购货方扣税凭证

18—2

增值税专用发票

1100138140　　　　　　　　发票联　　　　　　№ 05830928

开票日期:20×5年12月8日

购货单位	名　　称:祥瑞制造有限责任公司 纳税人识别号:150113445672867 地 址、电 话:南海市朝阳区朝阳东街66号 0561—69986559 开户行及账号:中国工商银行南海市分行 267—50660526	密码区	6098-1<9-7-61342284　加密版本: 8<032/52>9/29563-4974　0197040 1626<8-3024>81106-2　3745210 -47-6<7>2* —/>*>6/　0357834

货物或应税劳务名称	规格型号	单位	数量	单价	金额	税率	税额
电机		台	50	1 400.00	70 000.00	13%	9 100.00
合　计					¥70 000.00		¥9 100.00
价税合计(大写)	⊗柒万玖仟壹佰元整				(小写)¥79 100.00		

销货单位	名　　称:创新电子设备厂 纳税人识别号:150113444175042 地 址、电 话:南海市兴旺路Z号 0561—7355555 开户行及账号:中国工商银行南海市兴旺路支行 0200001009014413211	备注	创新电子设备厂 150113444175042 发票专用章

收款人:吴玉婷　　复核:张宁　　开票人:吴玉婷　　销货单位:(章)

第三联 发票联 购货方记账凭证

18—3

入 库 单

20×5年12月8日 第1206号

收货单位或收货部门	祥瑞制造有限责任公司	购货单号	05830928	收入仓库	外购半成品库
编 号	名 称	规 格	单 位	数 量	
				应 发	实 发
	电机		台	50	50
合 计				50	50

记账联

仓库负责人:王 林 收货人:李 明

18－4

购销合同

供方：创新电子设备厂　　　　合同编号：CX16211

需方：祥瑞制造有限责任公司　　　　签订时间：20×5年12月8日

经双方友好协商，签订如下合同：

一、产品名称、规格、型号、数量、金额、供货时间：

序号	名　称	规格型号	单位	数量	单价(元)	金额(元)	附注
	电机		台	50	1 400.00	70 000.00	
	合　计					¥70 000.00	
货款总计(大写)	柒万元整						

二、质量要求、技术标准：符合国家同类产品质量标准

三、交货日期：20×5年12月18日前

四、交货地点：需方仓库，由需方自行负责运输。

五、产品验收地点、方法及提出异议期限：由需方按本合同约定标准及本合同附件验收，有质量异议在收货后十日内提出，需方未在上述期限内提出异议视为需方验收合格。

六、结算方式及期限：

需方须将本合同项下的所有款项支付到供方指定的账户上，如以现金方式支付，须事先征得供方财务部门同意。

七、违约责任：违约方须赔偿对方一切经济损失。但遇天灾人祸或其他人力不能控制之因素而导致延误交货，需方不能要求供方赔偿任何损失。

解决合同纠纷的方式：经双方友好协商解决，如协商不成的，可向当地仲裁委员会提出申诉解决。

本合同一式两份，供需双方各执一份，自签订之日起生效。

未尽事宜，双方协商一致并另行签订补充协议，补充协议与本合同具有同等法律效力。

供方(盖章)：创新电子设备厂 15011344175042

税号：15011344175042

开户行及账号：中国工商银行南海市兴旺路支行 0200001009014413211

地址：南海市兴旺路Z号

法定代表：孙雅莉

联系电话：0561—7355555

需方(盖章)：祥瑞制造有限责任公司 15011344567288

税号：15011344567288

开户行及账号：中国工商银行南海市分行 267—50660526

地址：南海市朝阳区朝阳东街66号

法定代表：李栋梁

联系电话：0561—69986559

18—5

中国工商银行
转账支票存根

$\frac{B}{0}$ $\frac{B}{2}$ 20131204

附加信息

出票日期 20×5 年 12 月 08 日

收款人:创新电子设备厂
金　额:￥79 100.00
用　途:货款

单位主管　　会计

19—1

报　销　单

填报日期　20×5 年 12 月 9 日

姓　名	吴建华	所属部门	销售部	报销形式:转账支票	
				支票号码	20131205
报销项目	金额	报销项目			金额
参展费	8 000.00				
		以上单据共 2 张		金额小计￥8 000.00	
总金额(大写)零万捌仟零佰零拾零元零角零分整		预支金额:0		实付金额:0	
总经理:	分管经理:张力	财务负责人:张伟	部门负责人:宋建军	报销人:吴建华	

转账付讫

19—2

中国工商银行
转账支票存根

$\frac{B}{0}\frac{B}{2}$ 20131205

附加信息

出票日期 20×5 年 12 月 09 日

收款人:南海市商品交易中心	
金　额:¥8 000.00	
用　途:参展费	

单位主管　　　会计

19—3

南海市行政事业单位收款票据

日期:20×5年 12 月 9 日　　　№0987592

交款单位　祥瑞制造有限责任公司　收款方式　转账

人民币(大写)捌仟元整　　　¥8 000.00

收款事由　参展费

单位盖章　　财会主管:　　记账:　　出纳:张海　　审核:　　经办:

第二联　交给付款单位

（印章：南海市商品交易中心 财务专用章 150113445672867）

（印章：财政部监制）

20—1

中国工商银行 进 账 单(收账通知) 3

20×5年12月9日

出票人	全称	泰山公司	收款人	全称	祥瑞制造有限责任公司
	账号	0200001009014413888		账号	267—50660526
	开户银行	中国工商银行滨海市迎泽路支行		开户银行	中国工商银行南海市分行
金额	人民币(大写)	叁拾玖万玖仟陆佰元整		千百十万千百十元角分	¥39960000
票据种类		票据张数			
票据号码					
复核:张瑞英 记账:杨杰				收款人开户银行签章	中国工商银行南海市分行 20X5.12.09 转讫 (1)

此联是收款人开户银行交给收款人的收账通知

20—2

祥瑞制造有限责任公司

现金折扣审批表

日期:20×5年12月9日

客户	泰山公司	合同号	XR12001	合同金额	406 800.00元
折扣条件	2/10,1/20,n/30	申请现金折扣金额	7 200.00元	实收金额	399 600.00元
审核部门	审核意见		审核人签字	经办人签字	吴建华
销售部负责人	同意		宋建军	备注	
财务部负责人	同意		张 伟		
总经理	同意		李栋梁		

21—1

中国工商银行　电子回单

回单类型	工本费	指令序号	555555
付款人	祥瑞制造有限责任公司	金额(大写)	人民币贰拾伍元整
账　号	267-50660526		¥25.00
记账网点	00034	记账柜员:12	记账日期:20×5年12月9日

21—2

中国工商银行银行汇票申请书(借方凭证)　2

申请日期 20×5年12月9日　　　　第081号

收款人	新伟钢铁厂		汇款人	祥瑞制造有限责任公司									
账　号 或地址	531001040003009		账　号 或地址	267—50660526									
兑付地点	中国农业银行南江市北外环分理处		兑付行	中国工商银行南海市分行									
汇款 金额	人民币 (大写)	陆拾捌万元整	千	百	十	万	千	百	十	元	角	分	
				¥	6	8	0	0	0	0	0	0	

祥瑞制造有限责任公司 财务专用章　李栋梁印

上列款项请从我账户内支付

申请人盖章

科　　目＿＿＿＿＿＿

对方科目＿＿＿＿＿＿

转账日期：　年　月　日

复核　马兆华　　　　记账　牛斯理

22—1

关于机加工车间车床报废的申请

公司领导及有关部门：

本车间的一台车床1，系20×2年6月购进，因生产人员操作不当，造成严重损坏，无法继续使用，现申请报废。

特此申请。

祥瑞制造有限责任公司机加工车间

20×5年12月8日

22—2

固定资产报废鉴定书

20×5年12月10日

名称	使用部门	单位	数量	购进日期	预计使用年限	已经使用年限	原值	累计折旧
车床1	机加工车间	台	1	20×2.6.20	20	3.5年	52 580.00	8 741.46
鉴定结论	报　废				原　因		使用不当 严重损坏	
质量检验部门签字			薛冰	使用部门签字			赵旭	

22—3

关于固定资产报废的批复

机加工车间：

你车间的车床1因生产人员操作不当，造成严重损坏，经鉴定，已无法使用，现批准报废。

审批人：李栋梁

祥瑞制造有限责任公司

20×5年12月10日

22—4

增值税专用发票

1100081140　　　　№ 00131203

此联不作报销、扣税凭证使用　开票日期：20×5年12月10日

购货单位	名　　称：昌盛废旧物资处理中心 纳税人识别号：150113445670000 地 址 、电 话：南海市朝阳区花园东街23号 开户行及账号：中国银行南内环支行 022－05380000	密码区	6098-1<9-7-61342284　加密版本： 8<032/52>9/29563-4974　0197040 1626<8-3024>81106-2　3745210 -47-6<7>2* －/>* >6/　0357834

货物或应税劳务名称	规格型号	单位	数量	单价	金额	税率	税额
车床	W	台	1	28 500	28 500.00	13%	3 705.00
合　计					¥28 500.00		¥3 705.00
价税合计(大写)	叁万贰仟贰佰零伍元整				(小写)¥32 205.00		

销货单位	名　　称：祥瑞制造有限责任公司 纳税人识别号：150113445672867 地 址 、电 话：南海市朝阳区朝阳东街66号 0561－69986559 开户行及账号：中国工商银行南海市分行 267－50660526	备注	

第一联　记账联　销货方记账凭证

收款人：杨杰　　复核：张瑞英　　开票人：杨杰　　销货单位：(章)

22—5

增值税专用发票

1100081140 No 00131203

此联不作报销、扣税凭证使用 开票日期：20×5 年 12 月 10 日

购货单位	名　　称：昌盛废旧物资处理中心 纳税人识别号：150113445670000 地 址 、电 话：南海市朝阳区花园东街 23 号 开户行及账号：中国银行南内环支行 022－05380000				密码区	6098-1<9-7-61342284 8<032/52>9/29563-4974 1626<8-3024>81106-2 -47-6<7>2*－/>*>6/	加密版本： 0197040 3745210 0357834

货物或应税劳务名称	规格型号	单位	数量	单价	金额	税率	税额
车床	W	台	1	28 500	28 500.00	13%	3 705.00
合　计					¥28 500.00		¥3 705.00
价税合计(大写)	叁万贰仟贰佰零伍元整					(小写)¥32 205.00	

销货单位	名　　称：祥瑞制造有限责任公司 纳税人识别号：150113445672867 地 址 、电 话：南海市朝阳区朝阳东街 66 号 0561－69986559 开户行及账号：中国工商银行南海市分行 267－50660526	备注	

收款人：杨杰　　复核：张瑞英　　开票人：杨杰　　销货单位：(章)

第四联 存根联 销货方留存

22—6

中国工商银行 进 账 单(收账通知) 3

20×5 年 12 月 10 日

出票人	全　称	昌盛废旧物资处理中心	收款人	全　称	祥瑞制造有限责任公司
	账　号	022－05380000		账　号	267－50660526
	开户银行	中国银行南内环支行		开户银行	中国工商银行南海市分行

金额	人民币(大写)	千	百	十	万	千	百	十	元	角	分
	叁万贰仟贰佰零伍元整			¥	3	2	2	0	5	0	0

票据种类	转支	票据张数	1
票据号码	201385697		

复核　　记账

中国工商银行南海市分行 20X5.12.10 转讫 (1)

收款人开户银行签章

此联是收款人开户银行交给收款人的收账通知

22—7

收　据

日期:20×5年12月10日

交款单位　昌盛废旧物资处理中心　收款方式　转账

人民币(大写)叁万贰仟贰佰零伍元整　　¥32 205.00

收款事由　设备变卖款

第二联　交给付款单位

单位盖章:祥瑞制造有限责任公司 财务专用章 150113445672867　财会主管:　记账:　出纳:杨杰　审核:　经办:杨杰

23—1

中国工商银行
转账支票存根

B/0 B/2　20131206

附加信息

出票日期 20×5年12月10日

收款人:祥瑞制造有限责任公司	
金　额:¥282 956.35	
用　途:工资	

单位主管　　会计

23—2

工资发放明细表

单位名称:祥瑞制造有限责任公司　　　　日期:20×5 年 12 月

部门	岗位	姓名	基本工资	岗位工资	绩效工资	应发工资	代扣项目				实发工资
							住房公积金	医疗保险	养老保险	个人所得税	
总经理		李栋梁	3 500	2 100	1 400	7 000	175	70	280	192.5	6 282.5
生产副经理		赵强	3 200	1 920	1 280	6 400	160	64	256	137	5 783
业务副经理		张力	3 200	1 920	1 280	6 400	160	64	256	137	5 783
行政办公室 3	办公室主任	张丽萍	2 800	1 680	1 120	5 600	140	56	224	63	5 117
	干事	李杰	1 200	720	480	2 400	60	24	96		2 220
	干事	赵芳	1 000	600	400	2 000	50	20	80		1 850
	小　计		5 000	3 000	2 000	10 000	250	100	400	63	9 187
车队 4	司机	张祥云	1 200	720	480	2 400	60	24	96		2 220
	司机	陈勇	1 000	600	400	2 000	50	20	80		1 850
	司机	王永庆	1 000	600	400	2 000	50	20	80		1 850
	司机	王小明	1 000	600	400	2 000	50	20	80		1 850
	小　计		4 200	2 520	1 680	8 400	210	84	336	0	7 770
财务会计部 6	负责人	张伟	2 800	1 680	1 120	5 600	140	56	224	63	5 117
	会计	张瑞英	2 000	1 200	800	4 000	100	40	160	6	3 694
	会计	王强	1 800	1 080	720	3 600	90	36	144		3 330
	会计	李红	1 200	720	480	2 400	60	24	96		2 220
	会计	赵龙	1 200	720	480	2 400	60	24	96		2 220
	出纳	杨杰	1 000	600	400	2 000	50	20	80		1 850
	小　计		10 000	6 000	4 000	20 000	500	200	800	69	18 431
人力资源部 3	负责人	王俊	2 800	1 680	1 120	5 600	140	56	224	63	5 117
	干事	赵文明	1 200	720	480	2 400	60	24	96		2 220
	干事	刘尚东	800	480	320	1 600	40	16	64		1 480
	小　计		4 800	2 880	1 920	9 600	240	96	384	63	8 817
质量检验部 3	负责人	薛冰	2 800	1 680	1 120	5 600	140	56	224	63	5 117
	检验员	张瑾	1 600	960	640	3 200	80	32	128		2 960
	检验员	刘平清	1 000	600	400	2 000	50	20	80		1 850
	小　计		5 400	3 240	2 160	10 800	270	108	432	63	9 927
采购部 5	负责人	张建平	2 800	1 680	1 120	5 600	140	56	224	63	5 117
	采购员	陈丽	1 600	960	640	3 200	80	32	128		2 960
	采购员	王健	1 200	720	480	2 400	60	24	96		2 220
	采购员	张华	1 000	600	400	2 000	50	20	80		1 850
	采购员	赵灵平	800	480	320	1 600	40	16	64		1 480
	小　计		7 400	4 440	2 960	14 800	370	148	592	63	13 627

续表

部门	岗位	姓名	基本工资	岗位工资	绩效工资	应发工资	代扣项目				实发工资
							住房公积金	医疗保险	养老保险	个人所得税	
仓库3	负责人	王林	2 500	1 500	1 000	5 000	125	50	200	33.75	4 591.25
	库管员	王方	1 000	600	400	2 000	50	20	80		1 850
	库管员	李明	1 000	600	400	2 000	50	20	80		1 850
	库管员	周兴	800	480	320	1 600	40	16	64		1 480
	小计		5 300	3 180	2 120	10 600	265	106	424	33.75	9 771.25
行政管理部门合计			52 000	31 200	20 800	104 000	2 600	1 040	4 160	821.25	95 378.75
销售部8	负责人	宋建军	2 800	1 680	1 120	5 600	140	56	224	63	5 117
	业务员	吴建华	1 600	960	640	3 200	80	32	128		2 960
	业务员	赵小华	1 600	960	640	3 200	80	32	128		2 960
	业务员	刘红梅	1 200	720	480	2 400	60	24	96		2 220
	业务员	柴丽敏	1 200	720	480	2 400	60	24	96		2 220
	业务员	周军宇	1 000	600	400	2 000	50	20	80		1 850
	业务员	张浩	1 000	600	400	2 000	50	20	80		1 850
	业务员	张寅	800	480	320	1 600	40	16	64		1 480
	小计		11 200	6 720	4 480	22 400	560	224	896	63	20 657
机加工车间生产工人30	生产工人	林刚	1 600	960	640	3 200	80	32	128		2 960
	生产工人	赵晓红	1 600	960	640	3 200	80	32	128		2 960
	生产工人	王静	1 600	960	640	3 200	80	32	128		2 960
	生产工人	张伟	1 600	960	640	3 200	80	32	128		2 960
	生产工人	李春霞	1 600	960	640	3 200	80	32	128		2 960
	生产工人	张小飞	1 400	840	560	2 800	70	28	112		2 590
	生产工人	刘华	1 400	840	560	2 800	70	28	112		2 590
	生产工人	谢斌	1 400	840	560	2 800	70	28	112		2 590
	生产工人	赵敏	1 400	840	560	2 800	70	28	112		2 590
	生产工人	徐振华	1 400	840	560	2 800	70	28	112		2 590
	生产工人	李军	1 200	720	480	2 400	60	24	96		2 220
	生产工人	张静	1 200	720	480	2 400	60	24	96		2 220
	生产工人	王洁	1 200	720	480	2 400	60	24	96		2 220
	生产工人	徐磊	1 200	720	480	2 400	60	24	96		2 220
	生产工人	石正	1 200	720	480	2 400	60	24	96		2 220
	生产工人	孟冬	1 200	720	480	2 400	60	24	96		2 220
	生产工人	丁宁	1 200	720	480	2 400	60	24	96		2 220
	生产工人	李漠然	1 000	600	400	2 000	50	20	80		1 850
	生产工人	杨俊东	1 000	600	400	2 000	50	20	80		1 850
	生产工人	阮永	1 000	600	400	2 000	50	20	80		1 850

续表

部门	岗位	姓名	基本工资	岗位工资	绩效工资	应发工资	代扣项目				实发工资
							住房公积金	医疗保险	养老保险	个人所得税	
机加工车间生产工人30	生产工人	刘胜	1 000	600	400	2 000	50	20	80		1 850
	生产工人	纪伟斌	1 000	600	400	2 000	50	20	80		1 850
	生产工人	孙洪	1 000	600	400	2 000	50	20	80		1 850
	生产工人	朱晓明	1 000	600	400	2 000	50	20	80		1 850
	生产工人	钱达	800	480	320	1 600	40	16	64		1 480
	生产工人	龚华	800	480	320	1 600	40	16	64		1 480
	生产工人	郑洁丽	800	480	320	1 600	40	16	64		1 480
	生产工人	李志	800	480	320	1 600	40	16	64		1 480
	生产工人	刘毅	800	480	320	1 600	40	16	64		1 480
	生产工人	张玲	800	480	320	1 600	40	16	64		1 480
	小计		35 200	21 120	14 080	70 400	1 760	704	2 816	0	65 120
机加工车间管理人员5	车间主任	赵旭	3 000	1 800	1 200	6 000	150	60	240	100	5 450
	技术员	张阳明	2 400	1 440	960	4 800	120	48	192	28.2	4 411.8
	技术员	张进余	1 800	1 080	720	3 600	90	36	144		3 330
	技术员	李小涛	1 200	720	480	2 400	60	24	96		2 220
	干事	郑敏	1 000	600	400	2 000	50	20	80		1 850
	小计		9 400	5 640	3 760	18 800	470	188	752	128.2	17 261.8
机加工车间合计35			44 600	26 760	17 840	89 200	2 230	892	3 568	128.2	82 381.8
装配车间生产工人24	生产工人	黄强强	1 600	960	640	3 200	80	32	128		2 960
	生产工人	程平	1 600	960	640	3 200	80	32	128		2 960
	生产工人	罗悦	1 600	960	640	3 200	80	32	128		2 960
	生产工人	何刚	1 400	840	560	2 800	70	28	112		2 590
	生产工人	许岚	1 400	840	560	2 800	70	28	112		2 590
	生产工人	张芯	1 400	840	560	2 800	70	28	112		2 590
	生产工人	陆琪	1 200	720	480	2 400	60	24	96		2 220
	生产工人	冯平安	1 200	720	480	2 400	60	24	96		2 220
	生产工人	刘颖	1 200	720	480	2 400	60	24	96		2 220
	生产工人	李波	1 200	720	480	2 400	60	24	96		2 220
	生产工人	高琳琳	1 200	720	480	2 400	60	24	96		2 220
	生产工人	罗涛	1 200	720	480	2 400	60	24	96		2 220
	生产工人	杨军	1 200	720	480	2 400	60	24	96		2 220
	生产工人	贺宇涛	1 200	720	480	2 400	60	24	96		2 220
	生产工人	刘忻	1 200	720	480	2 400	60	24	96		2 220
	生产工人	于力	1 000	600	400	2 000	50	20	80		1 850
	生产工人	田庆明	1 000	600	400	2 000	50	20	80		1 850

续表

部门	岗位	姓名	基本工资	岗位工资	绩效工资	应发工资	代扣项目				实发工资
							住房公积金	医疗保险	养老保险	个人所得税	
装配车间生产工人 24	生产工人	杨娜	1 000	600	400	2 000	50	20	80		1 850
	生产工人	程秋蝶	1 000	600	400	2 000	50	20	80		1 850
	生产工人	曹华	1 000	600	400	2 000	50	20	80		1 850
	生产工人	蒋胜利	800	480	320	1 600	40	16	64		1 480
	生产工人	高小平	800	480	320	1 600	40	16	64		1 480
	生产工人	萧盈	800	480	320	1 600	40	16	64		1 480
	生产工人	于敏	800	480	320	1 600	40	16	64		1 480
	小　计		28 000	16 800	11 200	56 000	1 400	560	2 240	0	51 800
装配车间管理人员 4	车间主任	马连奎	3 000	1 800	1 200	6 000	150	60	240	100	5 450
	技术员	王蒙	2 400	1 440	960	4 800	120	48	192	28.2	4 411.8
	技术员	吴丽丽	1 200	720	480	2 400	60	24	96		2 220
	干事	江峰	1 000	600	400	2 000	50	20	80		1 850
	小　计		7 600	4 560	3 040	15 200	380	152	608	128.2	13 931.8
装配车间合计 28			35 600	21 360	14 240	71 200	1 780	712	2 848	128.2	65 731.8
机修车间生产工人 6	生产工人	金大力	1 400	840	560	2 800	70	28	112		2 590
	生产工人	李胜	1 200	720	480	2 400	60	24	96		2 220
	生产工人	周舟	1 200	720	480	2 400	60	24	96		2 220
	生产工人	李海霞	800	480	320	1 600	40	16	64		1 480
	生产工人	赵平顺	800	480	320	1 600	40	16	64		1 480
	小　计		5 400	3 240	2 160	10 800	270	108	432	0	9 990
机修车间管理人员 2	车间主任	田帅	2 800	1 680	1 120	5 600	140	56	224	63	5 117
	技术员	王建方	1 200	720	480	2 400	60	24	96		2 220
	干事	王玲	800	480	320	1 600	40	16	64		1 480
	小　计		4 800	2 880	1 920	9 600	240	96	384	63	8 817
机修车间合计 8			10 200	6 120	4 080	20 400	510	204	816	63	18 807
总计 109			153 600	92 160	61 440	307 200	7 680	3 072	12 288	1 203.65	282 956.35

批准：李栋梁　　财务负责人：张伟　　审核人：张瑞英　　制表：李红

24—1

中国工商银行
转账支票存根

$\frac{B}{0}\frac{B}{2}$ 20131207

附加信息

出票日期 20×5 年 12 月 10 日

收款人：	南海市公积金中心
金　额：	¥23 040.00
用　途：	公积金

单位主管　　　会计

24—2

中国工商银行
转账支票存根

$\frac{B}{0}\frac{B}{2}$ 20131208

附加信息

出票日期 20×5 年 12 月 10 日

收款人：	南海市社保中心
金　额：	¥58 982.40
用　途：	各项保险

单位主管　　　会计

24—3

南海市住房公积金汇(补)款书

(公积金专用)

单位预留签章： 20×5年12月10日

缴款单位	全 称	祥瑞制造有限责任公司					■汇缴	20×5年11月			
	账 号	中国工商银行南海市分行 267—50660526					□补缴	人数:109人			
	支款方式	□现金	■支票	□电汇			□网银				
汇款金额	人民币(大写)	贰万叁仟零肆拾元整	百	十	万	千	百	十	元	角	分
				¥	2	3	0	4	0	0	0

汇款月份	年月	上月汇缴 人数	上月汇缴 金额	本月增加 人数	本月增加 金额	本月减少 人数	本月减少 金额	本月汇缴 人数	本月汇缴 金额
									23 040.00
分理处填写									

汇缴接柜岗(签章)： 汇缴复核岗(签章)： 专员签字:李林玉

24—4

南海市社会保险费缴费专用票据

20×5年12月10日 NO. 0698

缴费单位(人)名称	祥瑞制造有限责任公司	收款单位	南海市社保中心
缴费单位(人)信息	中国工商银行南海市分行	开 户 行	中国工商银行南海市分行
缴费所属时期	20×5年11月	账 号	267—50660001

缴费类别	缴费金额
养老保险	43 008
医疗保险	13 824
工伤保险	921.6
生育保险	1 228.8
金额合计(大写)：伍万捌仟玖佰捌拾贰元肆角	小写：¥58 982.4
备注：	

第二联 收据

收款单位(章) 财务主管(章) 收款人:张红

25—1

增值税纳税申报表

（一般纳税人适用）

根据国家税收法律法规及增值税相关规定制定本表。纳税人不论有无销售额，均应按税务机关核定的纳税期限填写本表，并向当地税务机关申报。

税款所属时间：自20×5年11月01日至20×5年11月30日　　填表日期：20×5年12月04日

金额单位：元至角分

纳税人识别号	150113445672867	所属行业：C342			
纳税人名称	[illegible]公司	法定代表人姓名	李栋梁	注册地址	南海市朝阳区朝阳东街66号
生产经营地址	南海市朝阳区朝阳东街66号				
开户银行及账号	中国工商银行南海市分行 267—50660526	登记注册类型	有限责任公司	电话号码	0561-69986559

	项目	栏次	一般货物、劳务和应税服务		即征即退货物、劳务和应税服务	
			本月数	本年累计	本月数	本年累计
销售额	(一)按适用税率计税销售额	1	1 247 500.00	13 336 600.00		
	其中：应税货物销售额	2	1 224 500.00	13 084 000.00		
	应税劳务销售额	3	23 000.00	252 600.00		
	纳税检查调整的销售额	4				
	(二)按简易办法计税销售额	5				
	其中：纳税检查调整的销售额	6				
	(三)免、抵、退办法出口销售额	7			—	—
	(四)免税销售额	8			—	—
	其中：免税货物销售额	9			—	—
	免税劳务销售额	10			—	—
税款计算	销项税额	11	210 695.00	2 252 066.00		
	进项税额	12	21 355.00	1 013 908.00		
	上期留抵税额	13				—
	进项税额转出	14				
	免、抵、退应退税额	15			—	—
	按适用税率计算的纳税检查应补缴税额	16			—	—
	应抵扣税额合计	17=12+13−14−15+16	21 355.00	—		—
	实际抵扣税额	18(如17<11，则为17，否则为11)	21 355.00	1 013 908.00		
	应纳税额	19=11−18	189 340.00	1 238 158.00		
	期末留抵税额	20=17−18				—
	简易计税办法计算的应纳税额	21				
	按简易计税办法计算的纳税检查应补缴税额	22			—	—
	应纳税额减征额	23				
	应纳税额合计	24=19+21−23	189 340.00	1 238 158.00		
税款缴纳	期初未缴税额(多缴为负数)	25	146 982.00	1 048 818.00		
	实收出口开具专用缴款书退税额	26			—	—
	本期已缴税额	27=28+29+30+31	1 146 982.00	1 048 818.00		
	①分次预缴税额	28		—		—
	②出口开具专用缴款书预缴税额	29		—	—	—
	③本期缴纳上期应纳税额	30	146 982.00	1 048 818.00		
	④本期缴纳欠缴税额	31				
	期末未缴税额(多缴为负数)	32=24+25+26−27	189 340.00	189 340.00		
	其中：欠缴税额(≥0)	33=25+26−27		—		—
	本期应补(退)税额	34=24−28−29	189 340.00	—		—
	即征即退实际退税额	35	—	—		
	期初未缴查补税额	36			—	—
	本期入库查补税额	37			—	—
	期末未缴查补税额	38=16+22+36−37			—	—

授权声明	申报人声明
如果你已委托代理人申报，请填写下列资料：为代理一切税务事宜，现授权（地址）　　为本纳税人的代理申报人，任何与本申报表有关的往来文件，都可寄予此人。 授权人签字：	本纳税申报表是根据国家税收法律法规及相关规定填报的，我确定它是真实的、可靠的、完整的。 声明人签字：李栋梁

主管税务机关：　　接收人：周扬　　接收日期：20×5.12.4

征税专用章

25—2

扣缴个人所得税报告表

*扣缴义务人识别号：	150113445672867	*扣缴义务人名称：	祥瑞制造有限责任公司	*税款所属期：	20×5—11—01	至	20×5—11—30	*扣缴义务人所属行业：	一般行业	*填表日期：	20×5—12—04	法定代表人(负责人)：	李栋梁	*经办人：	赵龙	
代理机构：		代理机构经办人：		经办人执业证件号码：							代理申报日期：					

序号	*是否明细申报	纳税人姓名	证照类型	证照号码	*所得项目	*所得期间起	*所得期间止	*收入额	免税所得	税前扣除项目								减除费用	准予扣除的捐赠额	应纳税所得额	*税率	*速算扣除数	*应纳税额	减免税额	应扣缴税额	已扣缴税额	应补退税额	备注
										基本养老保险费	基本医疗保险费	失业保险费	住房公积金	财产原值	允许扣除的税费	其他	合计											
1(1)	1(2)	2	3	4	5	6	7	8	9	10	11	12	13	14	15	16	17	18	19	20	21	22	23	24	25	26	27	28
合计	—	—	—	—	—	—	—	307 200.00	0.00	12 288.00	3 072.00	0.00	7 680.00	0.00	0.00	0.00	23 040.00	385 000.00	0.00	26 880.00	—	—	1 203.65	0.00	1 203.65	0.00	1 203.65	—
1	是	李栋梁	居民身份证	142128197305208555	正常工资薪金	20×5-11-01	20×5-11-30	7 000.00	0.00	280.00	70.00	0.00	175.00	0.00	0.00	0.00	525.00	3 500.00	0.00	2 975.00	0.10(105.00)	105.00	192.50	0.00	192.50	0.00	192.50	
2	是	赵强	居民身份证	140603198302100533	正常工资薪金	20×5-11-01	20×5-11-30	6 400.00	0.00	256.00	64.00	0.00	160.00	0.00	0.00	0.00	480.00	3 500.00	0.00	2 420.00	0.10(105.00)	105.00	137.00	0.00	137.00	0.00	137.00	
3	是	张力	居民身份证	140981197106030014	正常工资薪金	20×5-11-01	20×5-11-30	6 400.00	0.00	256.00	64.00	0.00	160.00	0.00	0.00	0.00	480.00	3 500.00	0.00	2 420.00	0.10(105.00)	105.00	137.00	0.00	137.00	0.00	137.00	
4	是	张丽萍	居民身份证	140603198204020513	正常工资薪金	20×5-11-01	20×5-11-30	5 600.00	0.00	224.00	56.00	0.00	140.00	0.00	0.00	0.00	420.00	3 500.00	0.00	1 680.00	0.10(105.00)	105.00	63.00	0.00	63.00	0.00	63.00	
5	是	李杰	居民身份证	140603197606254019	正常工资薪金	20×5-11-01	20×5-11-30	2 400.00	0.00	96.00	24.00	0.00	60.00	0.00	0.00	0.00	180.00	3 500.00	0.00	0.00				0.00	0.00	0.00	0.00	
6	是	赵芳	居民身份证	140603197811200538	正常工资薪金	20×5-11-01	20×5-11-30	2 000.00	0.00	80.00	20.00	0.00	50.00	0.00	0.00	0.00	150.00	3 500.00	0.00	0.00				0.00	0.00	0.00	0.00	
7	是	张祥云	居民身份证	140621197905050510	正常工资薪金	20×5-11-01	20×5-11-30	2 400.00	0.00	96.00	24.00	0.00	60.00	0.00	0.00	0.00	180.00	3 500.00	0.00	0.00				0.00	0.00	0.00	0.00	
8	是	陈勇	居民身份证	140603197902221916	正常工资薪金	20×5-11-01	20×5-11-30	2 000.00	0.00	80.00	20.00	0.00	50.00	0.00	0.00	0.00	150.00	3 500.00	0.00	0.00				0.00	0.00	0.00	0.00	
9	是	王永庆	居民身份证	140603197901074395	正常工资薪金	20×5-11-01	20×5-11-30	2 000.00	0.00	80.00	20.00	0.00	50.00	0.00	0.00	0.00	150.00	3 500.00	0.00	0.00				0.00	0.00	0.00	0.00	
10	是	王小明	居民身份证	140602198205121555	正常工资薪金	20×5-11-01	20×5-11-30	2 000.00	0.00	80.00	20.00	0.00	50.00	0.00	0.00	0.00	150.00	3 500.00	0.00	0.00				0.00	0.00	0.00	0.00	
11	是	张伟	居民身份证	142128197502018555	正常工资薪金	20×5-11-01	20×5-11-30	5 600.00	0.00	224.00	56.00	0.00	140.00	0.00	0.00	0.00	420.00	3 500.00	0.00	1 680.00	0.10(105.00)	105.00	63.00	0.00	63.00	0.00	63.00	
12	是	张瑞英	居民身份证	140603197302100533	正常工资薪金	20×5-11-01	20×5-11-30	4 000.00	0.00	160.00	40.00	0.00	100.00	0.00	0.00	0.00	300.00	3 500.00	0.00	200.00	0.03(0.00)	0.00	6.00	0.00	6.00	0.00	6.00	
13	是	王强	居民身份证	140981197106030014	正常工资薪金	20×5-11-01	20×5-11-30	3 600.00	0.00	144.00	36.00	0.00	90.00	0.00	0.00	0.00	270.00	3 500.00	0.00	0.00				0.00	0.00	0.00	0.00	
14	是	李红	居民身份证	140603198205120513	正常工资薪金	20×5-11-01	20×5-11-30	2 400.00	0.00	96.00	24.00	0.00	60.00	0.00	0.00	0.00	180.00	3 500.00	0.00	0.00				0.00	0.00	0.00	0.00	
15	是	赵龙	居民身份证	140615197606254019	正常工资薪金	20×5-11-01	20×5-11-30	2 400.00	0.00	96.00	24.00	0.00	60.00	0.00	0.00	0.00	180.00	3 500.00	0.00	0.00				0.00	0.00	0.00	0.00	
16	是	杨杰	居民身份证	140623197811200538	正常工资薪金	20×5-11-01	20×5-11-30	2 000.00	0.00	80.00	20.00	0.00	50.00	0.00	0.00	0.00	150.00	3 500.00	0.00	0.00				0.00	0.00	0.00	0.00	
17	是	王俊	居民身份证	140621197906120510	正常工资薪金	20×5-11-01	20×5-11-30	5 600.00	0.00	224.00	56.00	0.00	140.00	0.00	0.00	0.00	420.00	3 500.00	0.00	1 680.00	0.10(105.00)	105.00	63.00	0.00	63.00	0.00	63.00	
18	是	赵文明	居民身份证	140603197902221916	正常工资薪金	20×5-11-01	20×5-11-30	2 400.00	0.00	96.00	24.00	0.00	60.00	0.00	0.00	0.00	180.00	3 500.00	0.00	0.00				0.00	0.00	0.00	0.00	
19	是	刘尚东	居民身份证	140603197901074395	正常工资薪金	20×5-11-01	20×5-11-30	1 600.00	0.00	64.00	16.00	0.00	40.00	0.00	0.00	0.00	120.00	3 500.00	0.00	0.00				0.00	0.00	0.00	0.00	
20	是	薛冰	居民身份证	140612198205121555	正常工资薪金	20×5-11-01	20×5-11-30	5 600.00	0.00	224.00	56.00	0.00	140.00	0.00	0.00	0.00	420.00	3 500.00	0.00	1 680.00	0.10(105.00)	105.00	63.00	0.00	63.00	0.00	63.00	
21	是	张瑾	居民身份证	140603198204020513	正常工资薪金	20×5-11-01	20×5-11-30	3 200.00	0.00	128.00	32.00	0.00	80.00	0.00	0.00	0.00	240.00	3 500.00	0.00	0.00				0.00	0.00	0.00	0.00	
22	是	刘平清	居民身份证	140603197606254019	正常工资薪金	20×5-11-01	20×5-11-30	2 000.00	0.00	80.00	20.00	0.00	50.00	0.00	0.00	0.00	150.00	3 500.00	0.00	0.00				0.00	0.00	0.00	0.00	
23	是	张建平	居民身份证	140603197811200538	正常工资薪金	20×5-11-01	20×5-11-30	5 600.00	0.00	224.00	56.00	0.00	140.00	0.00	0.00	0.00	420.00	3 500.00	0.00	1 680.00	0.10(105.00)	105.00	63.00	0.00	63.00	0.00	63.00	
24	是	陈丽	居民身份证	140621197905050510	正常工资薪金	20×5-11-01	20×5-11-30	3 200.00	0.00	128.00	32.00	0.00	80.00	0.00	0.00	0.00	240.00	3 500.00	0.00	0.00				0.00	0.00	0.00	0.00	
25	是	王健	居民身份证	140603197902221916	正常工资薪金	20×5-11-01	20×5-11-30	2 400.00	0.00	96.00	24.00	0.00	60.00	0.00	0.00	0.00	180.00	3 500.00	0.00	0.00				0.00	0.00	0.00	0.00	
26	是	张华	居民身份证	140603197901074395	正常工资薪金	20×5-11-01	20×5-11-30	2 000.00	0.00	80.00	20.00	0.00	50.00	0.00	0.00	0.00	150.00	3 500.00	0.00	0.00				0.00	0.00	0.00	0.00	
27	是	赵灵平	居民身份证	140602198205121555	正常工资薪金	20×5-11-01	20×5-11-30	1 600.00	0.00	64.00	16.00	0.00	40.00	0.00	0.00	0.00	120.00	3 500.00	0.00	0.00				0.00	0.00	0.00	0.00	
28	是	王林	居民身份证	142128197502018555	正常工资薪金	20×5-11-01	20×5-11-30	5 000.00	0.00	200.00	50.00	0.00	125.00	0.00	0.00	0.00	375.00	3 500.00	0.00	1 125.00	0.03(0.00)	0.00	33.75	0.00	33.75	0.00	33.75	

续表

序号	*是否明细申报	纳税人姓名	证照类型	证照号码	*所得项目	*所得期间起	*所得期间止	*收入额	免税所得	税前扣除项目								减除费用	准予扣除的捐赠额	应纳税所得额	*税率	*速算扣除数	*应纳税额	减免税额	应扣缴税额	已扣缴税额	应补退税额	备注
										基本养老保险费	基本医疗保险费	失业保险费	住房公积金	财产原值	允许扣除的税费	其他	合计											
29	是	王方	居民身份证	140603197302100533	正常工资薪金	20×5-11-01	20×5-11-30	2 000.00	0.00	80.00	20.00	0.00	50.00	0.00	0.00	0.00	150.00	3 500.00	0.00	0.00				0.00	0.00	0.00	0.00	
30	是	李明	居民身份证	140981197106030014	正常工资薪金	20×5-11-01	20×5-11-30	2 000.00	0.00	80.00	20.00	0.00	50.00	0.00	0.00	0.00	150.00	3 500.00	0.00	0.00				0.00	0.00	0.00	0.00	
31	是	周兴	居民身份证	140603198205120513	正常工资薪金	20×5-11-01	20×5-11-30	1 600.00	0.00	64.00	16.00	0.00	40.00	0.00	0.00	0.00	120.00	3 500.00	0.00	0.00				0.00	0.00	0.00	0.00	
32	是	宋建军	居民身份证	140615197606254019	正常工资薪金	20×5-11-01	20×5-11-30	5 600.00	0.00	224.00	56.00	0.00	140.00	0.00	0.00	0.00	420.00	3 500.00	0.00	1 680.00	0.10(105.00)	105.00	63.00	0.00	63.00	0.00	63.00	
33	是	吴建华	居民身份证	140623197811200538	正常工资薪金	20×5-11-01	20×5-11-30	3 200.00	0.00	128.00	32.00	0.00	80.00	0.00	0.00	0.00	240.00	3 500.00	0.00	0.00				0.00	0.00	0.00	0.00	
34	是	赵小华	居民身份证	140621197906120510	正常工资薪金	20×5-11-01	20×5-11-30	3 200.00	0.00	128.00	32.00	0.00	80.00	0.00	0.00	0.00	240.00	3 500.00	0.00	0.00				0.00	0.00	0.00	0.00	
35	是	刘红梅	居民身份证	140603197902221916	正常工资薪金	20×5-11-01	20×5-11-30	2 400.00	0.00	96.00	24.00	0.00	60.00	0.00	0.00	0.00	180.00	3 500.00	0.00	0.00				0.00	0.00	0.00	0.00	
36	是	柴丽敏	居民身份证	140603197901074395	正常工资薪金	20×5-11-01	20×5-11-30	2 400.00	0.00	96.00	24.00	0.00	60.00	0.00	0.00	0.00	180.00	3 500.00	0.00	0.00				0.00	0.00	0.00	0.00	
37	是	周军宇	居民身份证	140612198205121555	正常工资薪金	20×5-11-01	20×5-11-30	2 000.00	0.00	80.00	20.00	0.00	50.00	0.00	0.00	0.00	150.00	3 500.00	0.00	0.00				0.00	0.00	0.00	0.00	
38	是	张浩	居民身份证	142128197305208555	正常工资薪金	20×5-11-01	20×5-11-30	2 000.00	0.00	80.00	20.00	0.00	50.00	0.00	0.00	0.00	150.00	3 500.00	0.00	0.00				0.00	0.00	0.00	0.00	
39	是	张寅	居民身份证	140603198302100533	正常工资薪金	20×5-11-01	20×5-11-30	1 600.00	0.00	64.00	16.00	0.00	40.00	0.00	0.00	0.00	120.00	3 500.00	0.00	0.00				0.00	0.00	0.00	0.00	
40	是	林刚	居民身份证	140981197106030014	正常工资薪金	20×5-11-01	20×5-11-30	3 200.00	0.00	128.00	32.00	0.00	80.00	0.00	0.00	0.00	240.00	3 500.00	0.00	0.00				0.00	0.00	0.00	0.00	
41	是	赵晓红	居民身份证	140603198204020513	正常工资薪金	20×5-11-01	20×5-11-30	3 200.00	0.00	128.00	32.00	0.00	80.00	0.00	0.00	0.00	240.00	3 500.00	0.00	0.00				0.00	0.00	0.00	0.00	
42	是	王静	居民身份证	140603197606254019	正常工资薪金	20×5-11-01	20×5-11-30	3 200.00	0.00	128.00	32.00	0.00	80.00	0.00	0.00	0.00	240.00	3 500.00	0.00	0.00				0.00	0.00	0.00	0.00	
43	是	张伟	居民身份证	140603197811200538	正常工资薪金	20×5-11-01	20×5-11-30	3 200.00	0.00	128.00	32.00	0.00	80.00	0.00	0.00	0.00	240.00	3 500.00	0.00	0.00				0.00	0.00	0.00	0.00	
44	是	李春霞	居民身份证	140621197905050510	正常工资薪金	20×5-11-01	20×5-11-30	3 200.00	0.00	128.00	32.00	0.00	80.00	0.00	0.00	0.00	240.00	3 500.00	0.00	0.00				0.00	0.00	0.00	0.00	
45	是	张小飞	居民身份证	140603197902221916	正常工资薪金	20×5-11-01	20×5-11-30	2 800.00	0.00	112.00	28.00	0.00	70.00	0.00	0.00	0.00	210.00	3 500.00	0.00	0.00				0.00	0.00	0.00	0.00	
46	是	刘华	居民身份证	140603197901074395	正常工资薪金	20×5-11-01	20×5-11-30	2 800.00	0.00	112.00	28.00	0.00	70.00	0.00	0.00	0.00	210.00	3 500.00	0.00	0.00				0.00	0.00	0.00	0.00	
47	是	谢斌	居民身份证	140602198205121555	正常工资薪金	20×5-11-01	20×5-11-30	2 800.00	0.00	112.00	28.00	0.00	70.00	0.00	0.00	0.00	210.00	3 500.00	0.00	0.00				0.00	0.00	0.00	0.00	
48	是	赵敏	居民身份证	142128197502018555	正常工资薪金	20×5-11-01	20×5-11-30	2 800.00	0.00	112.00	28.00	0.00	70.00	0.00	0.00	0.00	210.00	3 500.00	0.00	0.00				0.00	0.00	0.00	0.00	
49	是	徐振华	居民身份证	140603197302100533	正常工资薪金	20×5-11-01	20×5-11-30	2 800.00	0.00	112.00	28.00	0.00	70.00	0.00	0.00	0.00	210.00	3 500.00	0.00	0.00				0.00	0.00	0.00	0.00	
50	是	李军	居民身份证	140981197106030014	正常工资薪金	20×5-11-01	20×5-11-30	2 400.00	0.00	96.00	24.00	0.00	60.00	0.00	0.00	0.00	180.00	3 500.00	0.00	0.00				0.00	0.00	0.00	0.00	
51	是	张静	居民身份证	140603198205120513	正常工资薪金	20×5-11-01	20×5-11-30	2 400.00	0.00	96.00	24.00	0.00	60.00	0.00	0.00	0.00	180.00	3 500.00	0.00	0.00				0.00	0.00	0.00	0.00	
52	是	王洁	居民身份证	140615197606254019	正常工资薪金	20×5-11-01	20×5-11-30	2 400.00	0.00	96.00	24.00	0.00	60.00	0.00	0.00	0.00	180.00	3 500.00	0.00	0.00				0.00	0.00	0.00	0.00	
53	是	徐磊	居民身份证	140623197811200538	正常工资薪金	20×5-11-01	20×5-11-30	2 400.00	0.00	96.00	24.00	0.00	60.00	0.00	0.00	0.00	180.00	3 500.00	0.00	0.00				0.00	0.00	0.00	0.00	
54	是	石正	居民身份证	140621197906120510	正常工资薪金	20×5-11-01	20×5-11-30	2 400.00	0.00	96.00	24.00	0.00	60.00	0.00	0.00	0.00	180.00	3 500.00	0.00	0.00				0.00	0.00	0.00	0.00	
55	是	孟冬	居民身份证	140603197902221916	正常工资薪金	20×5-11-01	20×5-11-30	2 400.00	0.00	96.00	24.00	0.00	60.00	0.00	0.00	0.00	180.00	3 500.00	0.00	0.00				0.00	0.00	0.00	0.00	
56	是	丁宁	居民身份证	140603197901074395	正常工资薪金	20×5-11-01	20×5-11-30	2 400.00	0.00	96.00	24.00	0.00	60.00	0.00	0.00	0.00	180.00	3 500.00	0.00	0.00				0.00	0.00	0.00	0.00	
57	是	李漠然	居民身份证	140612198205121555	正常工资薪金	20×5-11-01	20×5-11-30	2 000.00	0.00	80.00	20.00	0.00	50.00	0.00	0.00	0.00	150.00	3 500.00	0.00	0.00				0.00	0.00	0.00	0.00	
58	是	杨俊东	居民身份证	140603198204020513	正常工资薪金	20×5-11-01	20×5-11-30	2 000.00	0.00	80.00	20.00	0.00	50.00	0.00	0.00	0.00	150.00	3 500.00	0.00	0.00				0.00	0.00	0.00	0.00	
59	是	阮永	居民身份证	140603197606254019	正常工资薪金	20×5-11-01	20×5-11-30	2 000.00	0.00	80.00	20.00	0.00	50.00	0.00	0.00	0.00	150.00	3 500.00	0.00	0.00				0.00	0.00	0.00	0.00	
60	是	刘胜	居民身份证	140603197811200538	正常工资薪金	20×5-11-01	20×5-11-30	2 000.00	0.00	80.00	20.00	0.00	50.00	0.00	0.00	0.00	150.00	3 500.00	0.00	0.00				0.00	0.00	0.00	0.00	
61	是	纪伟斌	居民身份证	140621197905050510	正常工资薪金	20×5-11-01	20×5-11-30	2 000.00	0.00	80.00	20.00	0.00	50.00	0.00	0.00	0.00	150.00	3 500.00	0.00	0.00				0.00	0.00	0.00	0.00	

续表

序号	*是否明细申报	纳税人姓名	证照类型	证照号码	*所得项目	*所得期间起	*所得期间止	*收入额	免税所得	税前扣除项目								减除费用	准予扣除的捐赠额	应纳税所得额	*税率	*速算扣除数	*应纳税额	减免税额	应扣缴税额	已扣缴税额	应补退税额	备注
										基本养老保险费	基本医疗保险费	失业保险费	住房公积金	财产原值	允许扣除的税费	其他	合计											
62	是	孙洪	居民身份证	140603197902221916	正常工资薪金	20×5-11-01	20×5-11-30	2 000.00	0.00	80.00	20.00	0.00	50.00	0.00	0.00	0.00	150.00	3 500.00	0.00	0.00				0.00	0.00	0.00	0.00	
63	是	朱晓明	居民身份证	140603197901074395	正常工资薪金	20×5-11-01	20×5-11-30	2 000.00	0.00	80.00	20.00	0.00	50.00	0.00	0.00	0.00	150.00	3 500.00	0.00	0.00				0.00	0.00	0.00	0.00	
64	是	钱达	居民身份证	140602198205121555	正常工资薪金	20×5-11-01	20×5-11-30	1 600.00	0.00	64.00	16.00	0.00	40.00	0.00	0.00	0.00	120.00	3 500.00	0.00	0.00				0.00	0.00	0.00	0.00	
65	是	龚华	居民身份证	142128197502018555	正常工资薪金	20×5-11-01	20×5-11-30	1 600.00	0.00	64.00	16.00	0.00	40.00	0.00	0.00	0.00	120.00	3 500.00	0.00	0.00				0.00	0.00	0.00	0.00	
66	是	郑洁丽	居民身份证	140603197302100533	正常工资薪金	20×5-11-01	20×5-11-30	1 600.00	0.00	64.00	16.00	0.00	40.00	0.00	0.00	0.00	120.00	3 500.00	0.00	0.00				0.00	0.00	0.00	0.00	
67	是	李志	居民身份证	140981197106030014	正常工资薪金	20×5-11-01	20×5-11-30	1 600.00	0.00	64.00	16.00	0.00	40.00	0.00	0.00	0.00	120.00	3 500.00	0.00	0.00				0.00	0.00	0.00	0.00	
68	是	刘毅	居民身份证	140603198205120513	正常工资薪金	20×5-11-01	20×5-11-30	1 600.00	0.00	64.00	16.00	0.00	40.00	0.00	0.00	0.00	120.00	3 500.00	0.00	0.00				0.00	0.00	0.00	0.00	
69	是	张玲	居民身份证	140615197606254019	正常工资薪金	20×5-11-01	20×5-11-30	1 600.00	0.00	64.00	16.00	0.00	40.00	0.00	0.00	0.00	120.00	3 500.00	0.00	0.00				0.00	0.00	0.00	0.00	
70	是	赵旭	居民身份证	140623197811200538	正常工资薪金	20×5-11-01	20×5-11-30	6 000.00	0.00	240.00	60.00	0.00	150.00	0.00	0.00	0.00	450.00	3 500.00	0.00	2 050.00	0.10(105.00)	105.00	100.00	0.00	100.00	0.00	100.00	
71	是	张阳明	居民身份证	140621197906120510	正常工资薪金	20×5-11-01	20×5-11-30	4 800.00	0.00	192.00	48.00	0.00	120.00	0.00	0.00	0.00	360.00	3 500.00	0.00	940.00	0.03(0.00)	0.00	28.20	0.00	28.20	0.00	28.20	
72	是	张进余	居民身份证	140603197902221916	正常工资薪金	20×5-11-01	20×5-11-30	3 600.00	0.00	144.00	36.00	0.00	90.00	0.00	0.00	0.00	270.00	3 500.00	0.00	0.00				0.00	0.00	0.00	0.00	
73	是	李小涛	居民身份证	140603197901074395	正常工资薪金	20×5-11-01	20×5-11-30	2 400.00	0.00	96.00	24.00	0.00	60.00	0.00	0.00	0.00	180.00	3 500.00	0.00	0.00				0.00	0.00	0.00	0.00	
74	是	郑敏	居民身份证	140612198205121555	正常工资薪金	20×5-11-01	20×5-11-30	2 000.00	0.00	80.00	20.00	0.00	50.00	0.00	0.00	0.00	150.00	3 500.00	0.00	0.00				0.00	0.00	0.00	0.00	
75	是	黄强强	居民身份证	142128197305208555	正常工资薪金	20×5-11-01	20×5-11-30	3 200.00	0.00	128.00	32.00	0.00	80.00	0.00	0.00	0.00	240.00	3 500.00	0.00	0.00				0.00	0.00	0.00	0.00	
76	是	程平	居民身份证	140603198302100533	正常工资薪金	20×5-11-01	20×5-11-30	3 200.00	0.00	128.00	32.00	0.00	80.00	0.00	0.00	0.00	240.00	3 500.00	0.00	0.00				0.00	0.00	0.00	0.00	
77	是	罗悦	居民身份证	140981197106030014	正常工资薪金	20×5-11-01	20×5-11-30	3 200.00	0.00	128.00	32.00	0.00	80.00	0.00	0.00	0.00	240.00	3 500.00	0.00	0.00				0.00	0.00	0.00	0.00	
78	是	何刚	居民身份证	140603198204020513	正常工资薪金	20×5-11-01	20×5-11-30	2 800.00	0.00	112.00	28.00	0.00	70.00	0.00	0.00	0.00	210.00	3 500.00	0.00	0.00				0.00	0.00	0.00	0.00	
79	是	许岚	居民身份证	140603197606254019	正常工资薪金	20×5-11-01	20×5-11-30	2 800.00	0.00	112.00	28.00	0.00	70.00	0.00	0.00	0.00	210.00	3 500.00	0.00	0.00				0.00	0.00	0.00	0.00	
80	是	张芯	居民身份证	140603197811200538	正常工资薪金	20×5-11-01	20×5-11-30	2 800.00	0.00	112.00	28.00	0.00	70.00	0.00	0.00	0.00	210.00	3 500.00	0.00	0.00				0.00	0.00	0.00	0.00	
81	是	陆琪	居民身份证	140621197905050510	正常工资薪金	20×5-11-01	20×5-11-30	2 400.00	0.00	96.00	24.00	0.00	60.00	0.00	0.00	0.00	180.00	3 500.00	0.00	0.00				0.00	0.00	0.00	0.00	
82	是	冯平安	居民身份证	140603197902221916	正常工资薪金	20×5-11-01	20×5-11-30	2 400.00	0.00	96.00	24.00	0.00	60.00	0.00	0.00	0.00	180.00	3 500.00	0.00	0.00				0.00	0.00	0.00	0.00	
83	是	刘颖	居民身份证	140603197901074395	正常工资薪金	20×5-11-01	20×5-11-30	2 400.00	0.00	96.00	24.00	0.00	60.00	0.00	0.00	0.00	180.00	3 500.00	0.00	0.00				0.00	0.00	0.00	0.00	
84	是	李波	居民身份证	140602198205121555	正常工资薪金	20×5-11-01	20×5-11-30	2 400.00	0.00	96.00	24.00	0.00	60.00	0.00	0.00	0.00	180.00	3 500.00	0.00	0.00				0.00	0.00	0.00	0.00	
85	是	高琳琳	居民身份证	142128197502018555	正常工资薪金	20×5-11-01	20×5-11-30	2 400.00	0.00	96.00	24.00	0.00	60.00	0.00	0.00	0.00	180.00	3 500.00	0.00	0.00				0.00	0.00	0.00	0.00	
86	是	罗涛	居民身份证	140603197302100533	正常工资薪金	20×5-11-01	20×5-11-30	2 400.00	0.00	96.00	24.00	0.00	60.00	0.00	0.00	0.00	180.00	3 500.00	0.00	0.00				0.00	0.00	0.00	0.00	
87	是	杨军	居民身份证	140981197106030014	正常工资薪金	20×5-11-01	20×5-11-30	2 400.00	0.00	96.00	24.00	0.00	60.00	0.00	0.00	0.00	180.00	3 500.00	0.00	0.00				0.00	0.00	0.00	0.00	
88	是	贺宇涛	居民身份证	140603198205120513	正常工资薪金	20×5-11-01	20×5-11-30	2 400.00	0.00	96.00	24.00	0.00	60.00	0.00	0.00	0.00	180.00	3 500.00	0.00	0.00				0.00	0.00	0.00	0.00	
89	是	刘忻	居民身份证	140615197606254019	正常工资薪金	20×5-11-01	20×5-11-30	2 400.00	0.00	96.00	24.00	0.00	60.00	0.00	0.00	0.00	180.00	3 500.00	0.00	0.00				0.00	0.00	0.00	0.00	
90	是	于力	居民身份证	140623197811200538	正常工资薪金	20×5-11-01	20×5-11-30	2 000.00	0.00	80.00	20.00	0.00	50.00	0.00	0.00	0.00	150.00	3 500.00	0.00	0.00				0.00	0.00	0.00	0.00	
91	是	田庆明	居民身份证	140621197906120510	正常工资薪金	20×5-11-01	20×5-11-30	2 000.00	0.00	80.00	20.00	0.00	50.00	0.00	0.00	0.00	150.00	3 500.00	0.00	0.00				0.00	0.00	0.00	0.00	
92	是	杨娜	居民身份证	140603197902221916	正常工资薪金	20×5-11-01	20×5-11-30	2 000.00	0.00	80.00	20.00	0.00	50.00	0.00	0.00	0.00	150.00	3 500.00	0.00	0.00				0.00	0.00	0.00	0.00	
93	是	程秋蝶	居民身份证	140603197901074395	正常工资薪金	20×5-11-01	20×5-11-30	2 000.00	0.00	80.00	20.00	0.00	50.00	0.00	0.00	0.00	150.00	3 500.00	0.00	0.00				0.00	0.00	0.00	0.00	
94	是	曹华	居民身份证	140612198205121555	正常工资薪金	20×5-11-01	20×5-11-30	2 000.00	0.00	80.00	20.00	0.00	50.00	0.00	0.00	0.00	150.00	3 500.00	0.00	0.00				0.00	0.00	0.00	0.00	

续表

序号	*是否明细申报	纳税人姓名	证照类型	证照号码	*所得项目	*所得期间起	*所得期间止	*收入额	免税所得	税前扣除项目								减除费用	准予扣除的捐赠额	应纳税所得额	*税率	*速算扣除数	*应纳税额	减免税额	应扣缴税额	已扣缴税额	应补退税额	备注
										基本养老保险费	基本医疗保险费	失业保险费	住房公积金	财产原值	允许扣除的税费	其他	合计											
95	是	蒋胜利	居民身份证	140603198204020513	正常工资薪金	20×5-11-01	20×5-11-30	1 600.00	0.00	64.00	16.00	0.00	40.00	0.00	0.00	0.00	120.00	3 500.00	0.00	0.00				0.00	0.00	0.00	0.00	
96	是	高小平	居民身份证	140603197606254019	正常工资薪金	20×5-11-01	20×5-11-30	1 600.00	0.00	64.00	16.00	0.00	40.00	0.00	0.00	0.00	120.00	3 500.00	0.00	0.00				0.00	0.00	0.00	0.00	
97	是	萧盈	居民身份证	140603197811200538	正常工资薪金	20×5-11-01	20×5-11-30	1 600.00	0.00	64.00	16.00	0.00	40.00	0.00	0.00	0.00	120.00	3 500.00	0.00	0.00				0.00	0.00	0.00	0.00	
98	是	于敏	居民身份证	140621197905050510	正常工资薪金	20×5-11-01	20×5-11-30	1 600.00	0.00	64.00	16.00	0.00	40.00	0.00	0.00	0.00	120.00	3 500.00	0.00	0.00				0.00	0.00	0.00	0.00	
99	是	马连奎	居民身份证	140603197902221916	正常工资薪金	20×5-11-01	20×5-11-30	6 000.00	0.00	240.00	60.00	0.00	150.00	0.00	0.00	0.00	450.00	3 500.00	0.00	2 050.00	0.10(105.00)	105.00	100.00	0.00	100.00	0.00	100.00	
100	是	王蒙	居民身份证	140603197901074395	正常工资薪金	20×5-11-01	20×5-11-30	4 800.00	0.00	192.00	48.00	0.00	120.00	0.00	0.00	0.00	360.00	3 500.00	0.00	940.00	0.03(0.00)	0.00	28.20	0.00	28.20	0.00	28.20	
101	是	吴丽丽	居民身份证	140602198205121555	正常工资薪金	20×5-11-01	20×5-11-30	2 400.00	0.00	96.00	24.00	0.00	60.00	0.00	0.00	0.00	180.00	3 500.00	0.00	0.00				0.00	0.00	0.00	0.00	
102	是	江峰	居民身份证	142128197502018555	正常工资薪金	20×5-11-01	20×5-11-30	2 000.00	0.00	80.00	20.00	0.00	50.00	0.00	0.00	0.00	150.00	3 500.00	0.00	0.00				0.00	0.00	0.00	0.00	
103	是	金大力	居民身份证	140603197302100533	正常工资薪金	20×5-11-01	20×5-11-30	2 800.00	0.00	112.00	28.00	0.00	70.00	0.00	0.00	0.00	210.00	3 500.00	0.00	0.00				0.00	0.00	0.00	0.00	
104	是	李胜	居民身份证	140981197106030014	正常工资薪金	20×5-11-01	20×5-11-30	2 400.00	0.00	96.00	24.00	0.00	60.00	0.00	0.00	0.00	180.00	3 500.00	0.00	0.00				0.00	0.00	0.00	0.00	
105	是	周舟	居民身份证	140603198205120513	正常工资薪金	20×5-11-01	20×5-11-30	2 400.00	0.00	96.00	24.00	0.00	60.00	0.00	0.00	0.00	180.00	3 500.00	0.00	0.00				0.00	0.00	0.00	0.00	
106	是	李海霞	居民身份证	140615197606254019	正常工资薪金	20×5-11-01	20×5-11-30	1 600.00	0.00	64.00	16.00	0.00	40.00	0.00	0.00	0.00	120.00	3 500.00	0.00	0.00				0.00	0.00	0.00	0.00	
107	是	赵平顺	居民身份证	140623197811200538	正常工资薪金	20×5-11-01	20×5-11-30	1 600.00	0.00	64.00	16.00	0.00	40.00	0.00	0.00	0.00	120.00	3 500.00	0.00	0.00				0.00	0.00	0.00	0.00	
108	是	田帅	居民身份证	140621197906120510	正常工资薪金	20×5-11-01	20×5-11-30	5 600.00	0.00	224.00	56.00	0.00	140.00	0.00	0.00	0.00	420.00	3 500.00	0.00	1 680.00	0.10(105.00)	105.00	63.00	0.00	63.00	0.00	63.00	
109	是	王建方	居民身份证	140603197902221916	正常工资薪金	20×5-11-01	20×5-11-30	2 400.00	0.00	96.00	24.00	0.00	60.00	0.00	0.00	0.00	180.00	3 500.00	0.00	0.00				0.00	0.00	0.00	0.00	
110	是	王玲	居民身份证	140603197901074395	正常工资薪金	20×5-11-01	20×5-11-30	1 600.00	0.00	64.00	16.00	0.00	40.00	0.00	0.00	0.00	120.00	3 500.00	0.00	0.00				0.00	0.00	0.00	0.00	

扣缴义务人声明　　我声明：此扣缴报告表是根据国家税收法律、法规的规定填报的，我确定它是真实的、可靠的、完整的。　　声明人签字：祥瑞制造有限责任公司

会计主管签字：张伟　　　　负责人签字：李栋梁

受理人(签章)：李亚明　　　　受理日期：20×5 年 12 月 10 日　　　　受理税务机关(章)：

25－3

中华人民共和国企业所得税月(季)度预缴纳税申报表(A 类)

税款所属期间:20×5 年 11 月 01 日至 20×5 年 11 月 30 日

纳税人识别号:1 5 0 1 1 3 4 4 5 6 7 2 8 6 7

纳税人名称:祥瑞制造有限责任公司　　　　金额单位:人民币元(列至角分)

<table>
<tr><th>行次</th><th colspan="2">项　目</th><th>本期金额</th><th>累计金额</th></tr>
<tr><td>1</td><td colspan="4">一、据实预缴</td></tr>
<tr><td>2</td><td colspan="2">营业收入</td><td>1 247 500.00</td><td>13 336 600.00</td></tr>
<tr><td>3</td><td colspan="2">营业成本</td><td>888 991.77</td><td>9 161 326.29</td></tr>
<tr><td>4</td><td colspan="2">利润总额</td><td>103 280.00</td><td>1 611 815.66</td></tr>
<tr><td>5</td><td colspan="2">税率(25%)</td><td>25%</td><td>25%</td></tr>
<tr><td>6</td><td colspan="2">应纳所得税额(4 行×5 行)</td><td>25 820.00</td><td>402 953.92</td></tr>
<tr><td>7</td><td colspan="2">减免所得税额</td><td>0</td><td>0</td></tr>
<tr><td>8</td><td colspan="2">实际已缴所得税额</td><td>—</td><td>377 133.92</td></tr>
<tr><td>9</td><td colspan="2">应补(退)的所得税额(6 行－7 行－8 行)</td><td>—</td><td>25 820.00</td></tr>
<tr><td>10</td><td colspan="4">二、按照上一纳税年度应纳税所得额的平均额预缴</td></tr>
<tr><td>11</td><td colspan="2">上一纳税年度应纳税所得额</td><td>—</td><td></td></tr>
<tr><td>12</td><td colspan="2">本月(季)应纳税所得额(11 行÷12 或 11 行÷4)</td><td></td><td></td></tr>
<tr><td>13</td><td colspan="2">税率(25%)</td><td>—</td><td>—</td></tr>
<tr><td>14</td><td colspan="2">本月(季)应纳所得税额(12 行×13 行)</td><td></td><td></td></tr>
<tr><td>15</td><td colspan="4">三、按照税务机关确定的其他方法预缴</td></tr>
<tr><td>16</td><td colspan="2">本月(季)确定预缴的所得税额</td><td></td><td></td></tr>
<tr><td>17</td><td colspan="4">总分机构纳税人</td></tr>
<tr><td>18</td><td rowspan="3">总机构</td><td>总机构应分摊的所得税额(9 行或 14 行或 16 行×25%)</td><td></td><td></td></tr>
<tr><td>19</td><td>中央财政集中分配的所得税额(9 行或 14 行或 16 行×25%)</td><td></td><td></td></tr>
<tr><td>20</td><td>分支机构分摊的所得税额(9 行或 14 行或 16 行×50%)</td><td></td><td></td></tr>
<tr><td>21</td><td rowspan="2">分支机构</td><td>分配比例</td><td></td><td></td></tr>
<tr><td>22</td><td>分配的所得税额(20 行×21 行)</td><td></td><td></td></tr>
</table>

谨声明:此纳税申报表是根据《中华人民共和国企业所得税法》《中华人民共和国企业所得税法实施条例》和国家有关税收规定填报的,是真实的、可靠的、完整的。

法定代表人(签字):李栋梁　　20×5 年 12 月 4 日

纳税人公章: 会计主管: 填表日期:　　年　月　日	代理申报中介机构公章: 经办人: 经办人执业证件号码: 代理申报日期:　　年　月　日	主管税务机关受理专用章: 受理人:周扬 受理日期:20×5 年 12 月 10 日

国家税务总局监制

25－4

地方税(费)综合申报表

填报日期：20×5年12月4日　　　　　　　　　　　　　　金额单位：人民币元

身份识别	①纳税人☑			②扣缴义务人		③委托代征人□		
编　码	150113445672867			名　称	祥瑞制造有限责任公司			
地　址	南海市朝阳区朝阳东街66号		行业类别	制造业		注册类型	有限责任公司	
开户银行	中国工商银行南海市分行		银行账号	267－50660526		电　话	0561—69986559	
主管机关	南海市地税局第四分局			税务管理人员		李亚明		
税(费)种	税目	税(费)款所属时间	计税(费)依据或课税(费)数量	税(费)率或单位税(费)额	本期应纳税(费)额	累计欠缴或已缴税(费)额	减免税(费)额	本期应纳税(费)额合计
城市维护建设税	城市	20×5.11.01—20×5.11.30	189 340.00	7%	13 253.80			13 253.80
教育费附加	教育费附加	20×5.11.01—20×5.11.30	189 340.00	3%	5 680.20			5 680.20

企业所得税	税款所属时间	收入额或利润总额	应税所得率或纳税调整额	应纳税所得额	税率	应纳所得税额	累计欠缴或已缴税额	减免税额	期末应补(退)税额
个人所得税	税款所属时间	所得项目	收入额	应纳税所得额	税率	速算扣除数	应纳税额	已扣缴税额	期末应补(退)税额

授权代理人	(如果你已委托代理人申报，请填写下列资料)为代理一切税务事宜，现授权______为本人代理申报人。任何与本报表有关的往来文件，都可寄与此人。 授权人签字：	声明	我声明：此纳税申报表是根据税收法律、法规的规定填报的，我确信它是真实的、可靠的、完整的。 声明人签字：李栋梁

会计主管签字：张伟　　　　代理申报人签字：　　　　纳税人盖章：(章)

以下由税务机关填写

收到日期	20×5.12.4	接收人	李亚明	审核日期	20×5.12.10	税务机关盖章
审核记录	完税证号： 审核人签字：路天					

注：本表一式二联，第一联为申报联，税务机关审核后退还纳税人，第二联为收执联，由主管税务机关存档。

25－5

中华人民共和国
电子缴款凭证

国 2013121000014251

打印日期:20×5－12－10

纳税人识别号	150113445672867		主管税务机关	南海市国税局朝阳分局		
纳税人全称	祥瑞制造有限责任公司		开户银行	中国工商银行南海市分行		
缴款人名称	祥瑞制造有限责任公司		银行账号	267－50660526		
系统税票号	税(费)种	税(品)目	所属时期	实缴金额	缴款日期	备注
3700100042753652	增值税	金属加工机械制造业	20×51101－20×51130	189 340.00	20×51210	
3700100042753653	企业所得税	金属加工机械制造业	20×51101－20×51130	25 820.00	20×51210	
金额合计	(大写)贰拾壹万伍仟壹佰陆拾元整			￥215 160.00		
本缴款凭证仅作为纳税人记账核算凭证使用,电子缴税的,需与银行对账单电子划缴记录核对一致方有效。纳税人如需汇总开具正式完税凭证,请凭税务登记证或身份证明到主管税务机关开具。 税务机关(电子章)						

25－6

中华人民共和国
电子缴款凭证

地 2013121000012543

打印日期:20×5－12－10

纳税人识别号	150113445672867		主管税务机关	南海市地税局第四分局		
纳税人全称	祥瑞制造有限责任公司		开户银行	中国工商银行南海市分行		
缴款人名称	祥瑞制造有限责任公司		银行账号	267－50660526		
系统税票号	税(费)种	税(品)目	所属时期	实缴金额	缴款日期	备注
3700100042772281	个人所得税	工资薪金所得	20×51101－20×51130	1 203.65	20×51210	
3700100042772282	城市维护建设税	城市	20×51101－20×51130	13 253.80	20×51210	
3700100042772283	教育费附加	教育费附加	20×51101－20×51130	5 680.20	20×51210	
金额合计	(大写)贰万零壹佰叁拾柒元陆角伍分			￥20 137.65		
本缴款凭证仅作为纳税人记账核算凭证使用,电子缴税的,需与银行对账单电子划缴记录核对一致方有效。纳税人如需汇总开具正式完税凭证,请凭税务登记证或身份证明到主管税务机关开具。 税务机关(电子章)						

26－1

中国工商银行
转账支票存根

B B
0 2 20131209

附加信息

出票日期 20×5年12月11日

收款人:长峰钢厂
金　额:¥205 128.00
用　途:货　款

单位主管　　会计

26－2

祥瑞制造有限责任公司

现金折扣审批表

日期:20×5年12月11日

客户	长峰钢厂	合同号	CF12005	合同金额	208 824.00元
折扣条件	2/10,1/20,n/30	申请现金折扣金额	3 696.00元	实收金额	205 128.00元
审核部门	审核意见		审核人签字	经办人签字	陈　丽
采购部门负责人	同意		张建平	备注	
财务部负责人	同意		张　伟		
总经理	同意		李栋梁		

27—1

领　料　单

领料部门:装配车间

用　　途:装配 A 型数控机床　　20×5 年 12 月 11 日　　第 021203 号

材料			单位	数量	
编号	名称	规格		请领	实发
	电机		台	40	40
合计				40	40

记账联

仓库负责人:王林　　发料人:李明　　领料部门负责人:马连奎　　领料人:江峰

27—2

领　料　单

领料部门:装配车间

用　　途:装配 B 型数控机床　　20×5 年 12 月 11 日　　第 021204 号

材料			单位	数量	
编号	名称	规格		请领	实发
	电机		台	20	20
合计				20	20

记账联

仓库负责人:王林　　发料人:李明　　领料部门负责人:马连奎　　领料人:江峰

27—3

出　库　单

出货单位:祥瑞制造有限责任公司　　20×5年12月11日　　第1207号

提货单位或领货部门	装配车间	销售单号		发出仓库	外购半成品库
编　号	名　称	规　格	单　位	数　量	
				应　发	实　发
	电机		台	60	60
合　计				60	60

记账联

仓库负责人:王 林　　　　发货人:李 明

28—1

报　销　单

填报日期　20×5年12月12日

姓　名	王　蒙	所属部门	装配车间	报销形式:现金	
				支票号码	
报销项目		金额	报销项目		金额
培训费		800.00			
			以上单据共1张　金额小计¥800.00		
总金额(大写)零万零仟捌佰零拾零元零角零分整			预支金额:0	实付金额:800	
总经理:　分管经理:赵强		财务负责人:张伟	部门负责人:马连奎	报销人:王蒙	

现金付讫

28－2

收　据

入账日期：20×5 年 12 月 12 日

交款单位　祥瑞制造有限责任公司　收款方式　现金

人民币（大写）捌佰元整　　　　￥800.00

收款事由　培训费

第二联　交给付款单位

南海市质量技术局 财务专用章

单位盖章：　财会主管：　记账：　出纳：李司　审核：　经办：李司

29－1

报　销　单

填报日期　20×5 年 12 月 12 日

姓　名	张瑞英	所属部门	财务会计部	报销形式：现金	
				支票号码	
报销项目		金额	报销项目		金额
购买凭证、账簿		800.00			
			以上单据共 1 张	金额小计￥223.50	
总金额（大写）零万零仟贰佰贰拾叁元伍角零分			预支金额：0	实付金额：223.50	
总经理：李栋梁	分管经理：	财务负责人：张伟	部门负责人：张伟	报销人：张瑞英	

现金付讫

29－2

南海市国家税务局通用机打发票

全国统一发票监制章
发票联
国家税务总局监制

机打代码：150100211302
机打号码：10102314
开票日期：20×5年12月12日

发票代码 150100211302
发票号码 10102314

行业分类：

付款单位名称： 祥瑞制造有限责任公司　付款单位识别号：150113445672867

货物及劳务名称	规格	单位	单价	数量	金额
记账凭证	通用	本	0.787 50	2 000	157.50
账簿	通用	本	6.00	11	66.00

南海市强林财会用品有限公司
150113445673271
发票专用章

合计人民币(大写)：贰佰贰拾叁元伍角　¥223.50

收款单位名称(盖章)：南海强林财会用品批发部

收款单位开户银行及账号：交通银行南海支行 110524166

收款单位识别号：150113445673271　开票人：刘梅　备注：

××印刷厂×年×月×印(数量×3)#号码讫

第一联 发票联 购货单位付款凭证(手开无效)

30－1

关于购置固定资产的申请

公司领导及相关部门：

因原车床1报废，机加工车间以目前的机器设备规模难以满足生产需求，现需增加W车床一台。

特此申请。

祥瑞制造有限责任公司机加工车间
20×5年12月5日

祥瑞制造有限责任公司
机加工车间
150113445672867

30—2

关于同意购置固定资产的批复

经经理办公会议研究决定，公司同意机加工车间购置车床的申请。取得方式为通过债务重组从福海贸易公司取得，该车床目前的市场价格为 7.2 万元。

审批人：李栋梁

祥瑞制造有限责任公司
20×5 年 12 月 8 日

30－3

债务重组协议

甲方(债务方):福海贸易有限责任公司

乙方(债权方):祥瑞制造有限责任公司

签订时间:20×5年12月10日

签订地点:南海市鸿宾楼会议室

鉴于长期业务往来形成的债权债务关系,甲方欠乙方货款金额91万元(大写:玖拾壹万元整),由于甲方生产经营遇到了前所未有的困难,资金匮乏,乙方充分考虑到甲方的实际情况,甲乙双方经友好协商达成如下债务重组协议,以兹共同遵守:

1. 甲方以银行存款63.5万元(大写:陆拾叁万伍仟元整)和一台W车床抵偿乙方债务,用于抵债固定资产的公允价值为7.2万元(大写:柒万贰仟元整)。

2. 债务重组后,乙方共放弃欠款金额20.3万元(大写:贰拾万叁仟元整)。乙方同意甲方在一个月内以银行转账支付应付的余款。车床由甲方负责运抵乙方生产车间。

3. 甲方按期支付乙方约定的欠款,乙方同意放弃索要欠款利息及约定外的欠款。

4. 协商双方各自承诺及保证签署和履行本协议已履行了各自全部必要的审核和批准程序,获得所有必要的授权。

5. 本协议自双方代表签字并加盖公章之日起生效。

6. 本协议如有未尽事宜,协议双方协商解决。

7. 本协议正本一式四份,甲乙双方各执两份。

甲方(盖章):福海贸易有限责任公司

法定代表人或委托代理人(签字):王小钱

20×5年12月10日

乙方(盖章):祥瑞制造有限责任公司

法定代表人或委托代理人(签字):李栋梁

20×5年12月10日

30—4

资 产 评 估 报 告

华信评字[059]号

华信资产评估有限责任公司接受福海贸易公司委托，对贵公司因债务重组事宜涉及的机器设备W车床一台进行评估工作。评估基准日为20×5年12月1日。根据国家资产评估的相关规定，本着独立、客观、公正、科学的原则，按照公认的资产评估方法和程序对委托评估的资产实施了实地查勘、市场调查和询证。评估结果如下：

截至评估基准日，W车床一台资产评估确定价值为人民币7.2万元。

法定代表人：李梅 李 梅

中国注册资产评估师：张瑞海 张瑞海

中国注册资产评估师：王雅捷 王雅捷

华信资产评估有限责任公司

20×5年12月10日

华信资产评估有限责任公司 150113445672867

30－5

中国工商银行进 账 单（收账通知）　3

20×5 年 12 月 12 日

出票人	全　称	福海贸易公司	收款人	全　称	祥瑞制造有限责任公司
	账　号	**531001040004998**		账　号	**267-50660526**
	开户银行	中国农业银行南海市府东街支行		开户银行	中国工商银行南海市分行
金额	人民币（大写）	陆拾叁万伍仟元整			
票据种类		票据张数			
票据号码					
复核　张瑞英　　记账　杨杰				收款人开户银行签章	

千	百	十	万	千	百	十	元	角	分
	¥	6	3	5	0	0	0	0	0

中国工商银行南海市分行　20×5.12.12　转　讫　(1)

此联是收款人开户银行交给收款人的收账通知

30－6

固定资产领用单

20×5 年 12 月 12 日　　　　单号：1201

名称	型号	单位	数量	预计使用年限	入账价值	备注
机床	W	台	1	20 年	72 000	
财务负责人：张伟				使用部门		机加工车间
质量检验部门负责人：薛冰				使用部门负责人：赵旭		

30—7

增值税专用发票

抵扣联

1100081140　　№ 08290505

开票日期:20×5 年 12 月 12 日

购货单位	名　　称:祥瑞制造有限责任公司 纳税人识别号:150113445672867 地 址 、电 话:南海市朝阳区朝阳东街 66 号 0561—69986559 开户行及账号:中国工商银行南海市分行 267—50660526	密码区	6098—1<9-7-61342284 8<032/52>9/29563-4974 1626<8-3024>81106-2 -47-6<7>2*—/>*>6/
		加密版本:	0197040 3745210 0357834

货物或应税劳务名称	规格型号	单位	数量	单价	金　额	税率	税额
车床	W	台	1	72 000	72 000.00	13%	9 360.00
合　　计					72 000.00		9 360.00
价税合计(大写)	⊗捌万壹仟叁佰陆拾元整				(小写)¥81 360.00		

销货单位	名　　称:福海贸易有限责任公司 纳税人识别号:150113445668880 地 址 、电 话:南海市府东街 N 号 0561—7273456 开户行及账号:中国农业银行南海市府东街支行 267—50688886	备注	福海贸易有限责任公司 发票专用章 150113445672867

收款人:王海　　复核:李宁　　开票人:李晓云　　销货单位:(章)

第二联　抵扣联　购货方扣税凭证

30—8

增值税专用发票

发票联

1100081140　　№ 08290505

开票日期:20×5 年 12 月 12 日

购货单位	名　　称:祥瑞制造有限责任公司 纳税人识别号:150113445672867 地 址 、电 话:南海市朝阳区朝阳东街 66 号 0561—69986559 开户行及账号:中国工商银行南海市分行 267—50660526	密码区	6098—1<9-7-61342284 8<032/52>9/29563-4974 1626<8-3024>81106-2 -47-6<7>2*—/>*>6/
		加密版本:	0197040 3745210 0357834

货物或应税劳务名称	规格型号	单位	数量	单价	金　额	税率	税额
车床	W	台	1	72 000	72 000.00	13%	9 360.00
合　　计					72 000.00		9 360.00
价税合计(大写)	⊗捌万壹仟叁佰陆拾元整				(小写)¥81 360.00		

销货单位	名　　称:福海贸易有限责任公司 纳税人识别号:150113445668880 地 址 、电 话:南海市府东街 N 号 0561—7273456 开户行及账号:中国农业银行南海市府东街支行 267—50688886	备注	福海贸易有限责任公司 发票专用章 150113445672867

收款人:王海　　复核:李宁　　开票人:李晓云　　销货单位:(章)

第三联　发票联　购货方记账凭证

31－1

报　销　单

填报日期　20×5 年 12 月 12 日

姓名	李杰	所属部门	行政办公室	报销形式：转账	
				支票号码	20131210
报销项目		金额	报销项目		金额
办公用品		7 740.50	转账付讫		
			以上单据共 3 张　　金额小计￥7 740.50		
总金额(大写)柒仟柒佰肆拾元伍角整			预支金额：0	实付金额：0	

总经理：李栋梁　　分管经理：　　财务负责人：张伟　　部门负责人：张丽萍　　报销人：李杰

31－2

中国工商银行
转账支票存根

B/0 B/2　20131210

附加信息

出票日期 20×5 年 12 月 11 日

收款人：	义利办公用品公司
金　额：	￥7 740.50
用　途：	办公用品

单位主管　　会计

31－3

1100081140　　**增值税专用发票**　　№ 05289033

抵扣联

开票日期:20×5 年 12 月 12 日

购货单位	名　　　称:祥瑞制造有限责任公司 纳税人识别号:150113445672867 地 址 、电 话:南海市朝阳区朝阳东街 66 号 0561－69986559 开户行及账号:中国工商银行南海市分行 267－50660526	密码区	6098－1<9-7-61342284　加密版本: 8<032/52>9/29563-4974　0197040 1626<8-3024>81106-2　3745210 -47-6<7>2* －/>* >6/　0357834

货物或应税劳务名称	规格型号	单位	数量	单价	金　额	税率	税额
文件袋	A4 扣式	个	370	5	1 850.00	13%	240.5
文件柜	860＊350＊1800	个	10	500	5 000.00	13%	650
合　计					6 850.00	13%	890.5
价税合计(大写)	⊗柒仟柒佰肆拾元伍角整				(小写)¥7 740.50		

销货单位	名　　　称:义利办公用品公司 纳税人识别号:150113445600000 地 址 、电 话:南海市府东街 N 号 0561－7273456 开户行及账号:中国农业银行南海市府东街支行 5310010789	备注	义利办公用品公司 发票专用章 150113445672867

收款人:孙小海　　复核:王小宁　　开票人:杨晓辉　　销货单位:(章)

第二联　抵扣联　购货方扣税凭证

31－4

1100081140　　**增值税专用发票**　　№ 05289033

发票联

开票日期:20×5 年 12 月 12 日

购货单位	名　　　称:祥瑞制造有限责任公司 纳税人识别号:150113445672867 地 址 、电 话:南海市朝阳区朝阳东街 66 号 0561－69986559 开户行及账号:中国工商银行南海市分行 267－50660526	密码区	6098－1<9-7-61342284　加密版本: 8<032/52>9/29563-4974　0197040 1626<8-3024>81106-2　3745210 -47-6<7>2* －/>* >6/　0357834

货物或应税劳务名称	规格型号	单位	数量	单价	金　额	税率	税额
文件袋	A4 扣式	个	370	5	1 850.00	13%	240.50
文件柜	860＊350＊1800	个	10	500	5 000.00	17%	650.00
合　　计					6 850.00	17%	890.50
价税合计(大写)	⊗柒仟柒佰肆拾元伍角整				(小写)¥7 740.5		

销货单位	名　　　称:义利办公用品公司 纳税人识别号:15011344500000 地 址 、电 话:南海市府东街 N 号 0561－7273456 开户行及账号:中国农业银行南海市府东街支行 5310010789	备注	义利办公用品公司 发票专用章 150113445672867

收款人:孙小海　　复核:王小宁　　开票人:杨晓辉　　销货单位:(章)

第三联　发票联　购货方记账凭证

31－5

办公用品分配表

20×5 年 12 月

审核:张瑞英　　　　制表:李红

部门	借方科目	文件柜	文件袋	金额
管理部门	管理费用	1 500	1 240	2 740
销售部门	销售费用	1 000	30	1 030
机加工车间	制造费用	1 000	380	1 380
装配车间	制造费用	1 000	20	1 020
机修车间	生产成本	500	180	680
合　计		5 000	1 850	6 850

32－1

报　销　单

填报日期　20×5 年 12 月 12 日

<table>
<tr><td rowspan="2">姓名</td><td rowspan="2">王健</td><td rowspan="2">所属部门</td><td rowspan="2">采购部</td><td colspan="2">报销形式:现金</td></tr>
<tr><td>支票号码</td><td></td></tr>
<tr><td colspan="2">报销项目</td><td>金额</td><td colspan="2">报销项目</td><td>金额</td></tr>
<tr><td colspan="2">住宿费(3 * 150)</td><td>450.00</td><td colspan="2">交通费 现金付讫</td><td>800.00</td></tr>
<tr><td colspan="2">会议费</td><td>2 300.00</td><td colspan="2"></td><td></td></tr>
<tr><td colspan="2">出差补助(3 * 100)</td><td>300.00</td><td colspan="3">以上单据共 3 张　　金额小计￥3 850.00</td></tr>
<tr><td colspan="4">总金额(大写)零万叁仟捌佰伍拾零元零角零分</td><td>预支金额:
5 000.0</td><td>实付金额:3 850</td></tr>
<tr><td colspan="6">总经理:　　分管经理:张力　　财务负责人:张伟　　部门负责人:张建平　　报销人:王健</td></tr>
</table>

32—2

华西市国家税务局通用机打发票

发票联

机打代码　150100211302
机打号码　10102314　　　　　　　　　　　　　　　　　　发票代码　150100211302
开票日期：20×5 年 12 月 13 日　　　　行业分类：　　　　　　发票号码　10102314

付款单位名称：祥瑞制造有限责任公司　　　　　　　　付款单位识别号：150113445672867

货物及劳务名称	规格	单位	单价	数量	金额
住宿费			150	3	450.00
会议费					2 300.00

合计人民币(大写)：贰仟柒佰伍拾元整　　　　　　　　合计　¥2 750.00

收款单位名称(盖章)：五洲商务有限公司　　收款单位开户银行及账户：中国银行南海支行 110523588

收款单位识别号：140109531737825　　开票人：王小梅　　备注：

五洲商务有限公司 发票专用章 140109531737825

第一联 发票联 购货单位付款凭证(手开无效)

××印刷厂×年×月印×份(数量×3)份号码讫

32—3

A0058900　　　　　　太原售

广州 —D2003 次→ 太原

GUANGZHOU　　TAIYUAN

20X5 年 12 月 7 日 07：35 开　03 车 009 号

¥400.00 元　折　空调

当日当次车有效

10001001010421　A058900

32—4

A0058900　　　　　　广州售

太原 —D2005 次→ 广州

TAIYUAN　　GUANGZHOU

20X5 年 12 月 7 日 07：35 开　03 车 009 号

¥400.00 元　折　空调

当日当次车有效

10001001010421　A058900

33—1

折 让 协 议

编号:12—01

甲方:祥瑞制造有限责任公司

乙方:远航公司

乙方于20×5年11月自甲方购入2台A型数控机床,因包装破损导致表面划损,甲方同意给予乙方销售折让。为此,经甲乙双方共同协商,在平等、公平、公正、自愿的原则下,达成如下协议:

第一条:货物描述

货物名称	规格型号	单位	数量	单价	金额	税率	税额	价税合计
数控机床	A型	台	2	36 000.00	72 000.00	13%	936.00	81 360.00

第二条:折让原因

因运输途中包装破损,导致货物表面划损。

第三条:双方责任

(一)为了维护和巩固双方的长期友好合作关系,经乙方申请并结合当期市场情况,甲方同意给予乙方10%的折让,即折让金额为7 200.00元,折让增值税税额为936.00元,并开具相应数额的红字增值税专用发票。

(二)甲方应于协议生效之日起5日内将款项与红字发票一并交付乙方。

第四条:协议生效、中止与结束

(一)本协议一式两份,甲乙双方各执一份,需经双方签字认可后生效,生效日期以甲乙双方最后一个签字盖章日期为准。

(二)以货款两讫之日,结束本协议。

第五条:纠纷解决方式

因执行本协议发生的或与本协议有关的一切争议,甲乙双方应通过友好协商解决,如双方协商仍不能达成一致意见时,则提交仲裁机构。

甲方签字:**祥瑞制造有限责任公司**　　乙方签字:**远航公司**

盖　　章:　　盖　　章:

日　　期:**20×5年12月13日**　　日　　期:**20×5年12月13日**

33—2

开具红字增值税专用发票通知单

填开日期：20×5年12月13日　　　　NO. 1402113

销售方	名称	祥瑞制造有限责任公司	购买方	名称	远航公司
	税务登记代码	150113445672867		税务登记代码	160245312545835

	货物(劳务)名称	单价	数量	金额	税额
开具红字发票内容	数控机床			7 200.00	936.00
	合　计	——	——	¥7 200.00	¥936.00

说明	需要作进项税额转出□ 不需要作进项税额转出□ 纳税人识别号认证不符□ 专用发票代码、号码认证不符□ 对应蓝字专用发票密码区内打印的代码：________ 号码：________ 开具红字专用发票理由： 所购货物验收后发现因包装破损导致表面划损，销售方同意折让10%。

经办人：方静　　负责人：王磊　　主管税务机关名称(印章)：____________

注：
1. 本通知单一式三联：第一联，购买方主管税务机关留存；第二联，购买方送交销售方留存；第三联，购买方留存。
2. 通知单应与申请单一一对应。
3. 销售方应在开具红字专用发票后到主管税务机关进行核销。

江宁市国家税务局
增值税专用发票
业务专用章

33—3

增值税专用发票

1100131140　　　　No 00131205

此联不作报销　扣税凭证使用　　　　开票日期：20×5年12月13日

购货单位	名　　称：远航公司 纳税人识别号：160245312545835 地 址 、电 话：江宁市青年路X号 039－8965321 开户行及账号：中国建设银行江宁市青年路分理处 6227003920060125202	密码区	6098－1<9-7-61342284　加密版本： 8<032/52>9/29563-4974　0197040 1626<8-3024>81106-2　3745210 -47-6<7>2* －/>* >6/　0357834

货物或应税劳务名称	规格型号	单位	数量	单价	金额	税率	税额
数控机床	A型	台	－2	3 600.00	－7 200.00	13%	－936.00
合　计					￥－7 200.00		￥－936.00
价税合计(大写)	⊗(负数)捌仟壹佰叁拾陆元整				(小写)￥－8 136.00		

销货单位	名　　称：祥瑞制造有限责任公司 纳税人识别号：150113445672867 地 址 、电 话：南海市朝阳区朝阳东街66号 0561－69986559 开户行及账号：中国工商银行南海市分行 267－50660526	备注	对应正数发票代码： 1100131140 号码：00131109

收款人：杨杰　　复核：张瑞英　　开票人：杨杰　　销货单位：(章)

第一联 记账联 销货方记账凭证

33—4

增值税专用发票

1100131140　　　　No 00131205

此联不作报销　扣税凭证使用　　　　开票日期：20×5年12月13日

购货单位	名　　称：远航公司 纳税人识别号：160245312545835 地 址 、电 话：江宁市青年路X号 039－8965321 开户行及账号：中国建设银行江宁市青年路分理处 6227003920060125202	密码区	6098－1<9-7-61342284　加密版本： 8<032/52>9/29563-4974　0197040 1626<8-3024>81106-2　3745210 -47-6<7>2* －/>* >6/　0357834

货物或应税劳务名称	规格型号	单位	数量	单价	金额	税率	税额
数控机床	A型	台	－2	3 600.00	－7 200.00	13%	－936.00
合　计					￥－7 200.00		￥－936.00
价税合计(大写)	⊗(负数)捌仟壹佰叁拾陆元整				(小写)￥－8 136.00		

销货单位	名　　称：祥瑞制造有限责任公司 纳税人识别号：150113445672867 地 址 、电 话：南海市朝阳区朝阳东街66号 0561－69986559 开户行及账号：中国工商银行南海市分行 267－50660526	备注	对应正数发票代码： 1100131140 号码：00131109

收款人：杨杰　　复核：张瑞英　　开票人：杨杰　　销货单位：(章)

第四联 存根联 销货方留存

33—5

中国工商银行 电汇凭证(回 单) 1

INDUSTRIAL AND COMMERCIAL BANK OF CHINA

□普通 □加急 委托日期 20×5年12月13日 晋 A01127344

汇款人	全 称	祥瑞制造有限责任公司	收款人	全 称	远航公司
	账 号	267—50660526		账 号	6227003920060125202
	汇出地点	××省 南海 市/县		汇入地点	××省 江宁 市/县
汇出行名称		中国工商银行南海市分行	汇入行名称		中国建设银行江宁市青年路分理处

金额	人民币(大写) 捌仟壹佰叁拾陆元整	亿	千	百	十	万	千	百	十	元	角	分
						¥	8	1	3	6	0	0

中国工商银行南海市分行 ★ 20X5.12.13 ★ 业务清讫 汇出行签章	支付密码 附加信息及用途： 复核 记账

此联汇出行给汇款人的回单

33—6

ICBC 中国工商银行 收费 凭证(回单联)

20×5年12月13日

付款人名称：祥瑞制造有限责任公司

付款人账号：转账

服务项目	数量	手续费	金额小计
电汇手续费		25.00	25.00

中国工商银行南海市分行 ★ 20×5.12.13 ★ 现金收讫

金额合计(大写)：人民币贰拾伍元整

金额合计(小写)：RMB25.00

地区号：2009 网点号：0325 操作柜员：03176 授权柜员：01411 记账：03176

34—1

增值税专用发票

1100081140　　No 00131206

此联不作报销　扣税凭证使用　　开票日期:20×5年12月14日

购货单位
名　　称:泰安起重机厂
纳税人识别号:120412425357421
地址、电话:滨海市解放路X号 0391—7980449
开户行及账号:中国建设银行滨海市解放路分理处 6227003920060125282

密码区
6098—1<9-7-61342284　加密版本:
8<032/52>9/29563-4974　0197040
1626<8-3024>81106-2　3745210
-47-6<7>2* —/>* >6/　0357834

货物或应税劳务名称	规格型号	单位	数量	单价	金额	税率	税额
数控机床	A型	台	20	36 000.00	720 000.00	13%	93 600.00
合　计					¥720 000.00		¥93 600.00

价税合计(大写)　⊗捌拾壹万叁仟陆佰元整　　(小写)¥813 600.00

销货单位
名　　称:祥瑞制造有限责任公司
纳税人识别号:150113445672867
地址、电话:南海市朝阳区朝阳东街66号 0561—69986559
开户行及账号:中国工商银行南海市分行 267—50660526

备注

收款人:杨杰　复核:张瑞英　开票人:杨杰　销货单位:(章)

第一联　记账联　销货方记账凭证

34—2

增值税专用发票

1100081140　　No 00131206

此联不作报销　扣税凭证使用　　开票日期:20×5年12月14日

购货单位
名　　称:泰安起重机厂
纳税人识别号:120412425357421
地址、电话:滨海市解放路X号 0391—7980449
开户行及账号:中国建设银行滨海市解放路分理处 6227003920060125282

密码区
6098—1<9-7-61342284　加密版本:
8<032/52>9/29563-4974　0197040
1626<8-3024>81106-2　3745210
-47-6<7>2* —/>* >6/　0357834

货物或应税劳务名称	规格型号	单位	数量	单价	金额	税率	税额
数控机床	A型	台	20	36 000.00	720 000.00	13%	93 600.00
合　计					¥720 000.00		¥93 600.00

价税合计(大写)　⊗捌拾壹万叁仟陆佰元整　　(小写)¥813 600.00

销货单位
名　　称:祥瑞制造有限责任公司
纳税人识别号:150113445672867
地址、电话:南海市朝阳区朝阳东街66号 0561—69986559
开户行及账号:中国工商银行南海市分行 267—50660526

备注

收款人:杨杰　复核:张瑞英　开票人:杨杰　销货单位:(章)

第四联　存根联　销货方留存

34—3

销售合同

供方：祥瑞制造有限责任公司　　合同编号：XR12003

需方：泰安起重机厂　　签订时间：20×5年12月14日

经双方友好协商，签订如下合同：

一、产品名称、规格、型号、数量、金额、供货时间：

序号	名称	规格型号	单位	数量	单价（元）	金额（元）	附注
	数控机床	A型	台	20	36 000.00	720 000.00	
	合　计					¥720 000.00	
货款总计（大写）	柒拾贰万元整						

二、质量要求、技术标准：符合国家同类产品质量标准

三、交货日期：20×5年12月24日前

四、交货地点：需方仓库，由需方自行负责承运。

五、产品验收地点、方法及提出异议期限：由需方按本合同约定标准及本合同附件验收，有质量异议在收货后十日内提出，需方未在上述期限内提出异议视为需方验收合格。

六、结算方式及期限：

需方须将本合同项下的所有款项支付到供方指定的账户上，如以现金方式支付，须事先征得供方财务部门同意。

七、违约责任：违约方须赔偿对方一切经济损失。但遇天灾人祸或其他人力不能控制之因素而导致延误交货，需方不能要求供方赔偿任何损失。

解决合同纠纷的方式：经双方友好协商解决，如协商不成的，可向当地仲裁委员会提出申诉解决。

本合同一式两份，供需双方各执一份，自签订之日起生效。

未尽事宜，双方协商一致并另行签订补充协议，补充协议与本合同具有同等法律效力。

供方（盖章）：祥瑞制造有限责任公司 150113445672867

税号：150113445672867

开户行及账号：中国工商银行南海市分行 267—50660526

地址：南海市朝阳区朝阳东街66号

法定代表：李栋梁

联系电话：0561—69986559

需方（盖章）：泰安起重机厂 120412425357421

税号：120412425357421

开户行及账号：中国建设银行滨海市解放路分理处 6227003920060125282

地址：滨海市解放路X号

法定代表：李　欣

联系电话：0391—7980449

34－4

出 库 单

出货单位：祥瑞制造有限责任公司　20×5年12月14日　第1208号

提货单位或领货部门	泰安起重机厂	销售单号		发出仓库	产成品库
编号	名称	规格	单位	数量 应发	数量 实发
	数控机床	A型	台	20	20
合计				20	20

记账联

仓库负责人：王林　发货人：王方

34－5

中国工商银行进 账 单(收账通知)　3

20×5年12月14日

出票人	全称	泰安起重机厂	收款人	全称	祥瑞制造有限责任公司
	账号	6227003920060125282		账号	267-50660526
	开户银行	中国建设银行滨海市解放路分理处		开户银行	中国工商银行南海市分行
金额	人民币(大写)	捌拾壹万叁仟陆佰元整		千百十万千百十元角分	¥81360000
票据种类		票据张数			
票据号码					
复核　记账				收款人开户银行签章	中国工商银行南海市分行 20X5.12.14 转讫 (1)

此联是收款人开户银行交给收款人的收账通知

35—1

领 料 单

领料部门：机加工车间

用　　途：生产A型数控机床　　20×5年12月13日　　第011205号

材料			单位	数量	
编号	名称	规格		请领	实发
	钢板		吨	30	30
合计				30	30

记账联

仓库负责人：王林　　发料人：李明　　领料部门负责人：赵旭　　领料人：郑敏

35—2

领 料 单

领料部门：机加工车间

用　　途：生产B型数控机床　　20×5年12月13日　　第011206号

材料			单位	数量	
编号	名称	规格		请领	实发
	钢板		吨	20	20
合计				20	20

记账联

仓库负责人：王林　　发料人：李明　　领料部门负责人：赵旭　　领料人：郑敏

35－3

出　库　单

出货单位：祥瑞制造有限责任公司　20×5年12月13日　　第1209号

提货单位或领货部门	机加工车间	销售单号		发出仓库	原材料库
编　号	名　称	规　格	单　位	数量 应　发	数量 实　发
	钢板		吨	50	50
合　计				50	50

记账联

仓库负责人：王林　　　　发货人：李明

36－1

南海市国家税务局通用机打发票

发票联

机打代码　150100211302
机打号码　10102314
开票日期：20×5年12月13日　　行业分类：　　发票代码　150100211302
发票号码　10102314

付款单位名称：祥瑞制造有限责任公司　　付款单位识别号：150113445672867

货物及劳务名称	规格	单位	单价	数量	金额
手套		付	6.00	100	600.00
工作服		套	25.50	40	1 020.00
扳手		把	5.50	60	330.00
螺钉		盒	25.00	300	7 500.00
专用工具		套	120.00	30	3 600.00

合计人民币（大写）：壹万叁仟零伍拾元整　　合计　￥13 050.00

收款单位名称（盖章）：南海市日杂用品商店　　收款单位开户银行及账户：交通银行南海支行 110524157

收款单位识别号：150113445673271　　开票人：刘梅　　备注：

36—2

入 库 单

20×5年12月13日　　第1207号

收货单位或收货部门	祥瑞制造有限责任公司	购货单号	10102314	收入仓库	低值易耗品库
编 号	名 称	规 格	单 位	数量 应 收	数量 实 收
	手套		付	100	100
	工作服		套	40	40
	扳手		把	60	60
	螺钉		盒	300	300
	专用工具		套	30	30
合 计				530	530

记账联

仓库负责人:王林　　发货人:周兴

36—3

中国工商银行
转账支票存根

$\frac{B}{0}\frac{B}{2}$ 20131211

附加信息

出票日期 20×5年12月13日

收款人:	南海市日杂用品商店
金 额:	¥13 050.00
用 途:	货款

单位主管　　会计

37－1

中国工商银行
转账支票存根

$\frac{\text{B}}{0}\frac{\text{B}}{2}$　20131212

附加信息

出票日期 20×5 年 12 月 13 日

收款人：	长峰钢厂
金　额：	¥500 000.00
用　途：	货款

单位主管　　会计

37－2

收　　据

入账日期：20×5 年 12 月 13 日

交款单位 祥瑞制造有限责任公司　　收款方式　　转账支票

人民币(大写)　伍拾万元整　　　　¥ 500 000.00

收款事由　货款

单位盖章　　财会主管　　记账　　出纳　李二司　审核　　　经办　李二司

第二联　交给付款单位

长峰钢厂
150113445672867

38—1

领　料　单

领料部门：机加工车间

用　　途：生产用　　　　20×5年12月13日　　　　第011207号

材料			单位	数量		
编号	名称	规格		请领	实发	记账联
	润滑油		千克	35	35	
合计				35	35	

仓库负责人：王林　　发料人：李明　　领料部门负责人：赵旭　　领料人：郑敏

38—2

出　库　单

出货单位：祥瑞制造有限责任公司　20×5年12月13日　　　　第1210号

提货单位或领货部门	机加工车间	销售单号		发出仓库	辅助材料库	
编号	名称	规格	单位	数量		记账联
				应发	实发	
	润滑油		千克	35	35	
合计				35	35	

仓库负责人：王林　　　　　　　　发货人：周兴

39－1

领 料 单

领料部门:装配车间

用　　途:装配A型数控机床　　20×5年12月13日　　第021205号

材料			单位	数量	
编号	名称	规格		请领	实发
	标准件		套	480	480
合计				480	480

记账联

仓库负责人:王林　　发料人:李明　　领料部门负责人:马连奎　　领料人:江峰

39－2

领 料 单

领料部门:装配车间

用　　途:装配B型数控机床　　20×5年12月13日　　第021206号

材料			单位	数量	
编号	名称	规格		请领	实发
	标准件		套	320	320
合计				320	320

记账联

仓库负责人:王林　　发料人:李明　　领料部门负责人:马连奎　　领料人:江峰

39—3

出 库 单

出货单位:祥瑞制造有限责任公司 20×5年12月13日 第1211号

提货单位或领货部门	装配车间	销售单号		发出仓库	外购半成品库
编 号	名 称	规 格	单 位	数量	
				应 发	实 发
	标准件		套	800	800
合 计				800	800

记账联

仓库负责人:王林 发货人:李明

40—1

领 料 单

领料部门:机加工车间

用 途:生产A型数控机床 20×5年12月15日 第011208号

材料			单 位	数量	
编 号	名 称	规 格		请 领	实 发
	圆钢		吨	30	30
合 计				30	30

记账联

仓库负责人:王林 发料人:李明 领料部门负责人:赵旭 领料人:郑敏

40—2

领　料　单

领料部门:机加工车间

用　　途:生产B型数控机床　　20×5年12月15日　　第011209号

材料			单位	数量		
编号	名称	规格		请领	实发	记账联
	圆钢		吨	20	20	
合计				20	20	

仓库负责人:王林　　发料人:李明　　领料部门负责人:赵旭　　领料人:郑敏

40—3

出　库　单

出货单位:祥瑞制造有限责任公司　20×5年12月15日　　第1212号

提货单位或领货部门	机加工车间	销售单号		发出仓库	原材料库	
编号	名称	规格	单位	数量		记账联
				应发	实发	
	圆钢		吨	50	50	
合计				50	50	

仓库负责人:王林　　发货人:李明

41—1

领 料 单

领料部门:装配车间

用　　途:装配A型数控机床　　20×5年12月21日　　第021207号

材料			单位	数量	
编号	名称	规格		请领	实发
	数控板		个	110	110
合计				110	110

记账联

仓库负责人:王林　　发料人:李明　　领料部门负责人:马连奎　　领料人:江峰

41—2

领 料 单

领料部门:装配车间

用　　途:装配B型数控机床　　20×5年12月21日　　第021208号

材料			单位	数量	
编号	名称	规格		请领	实发
	数控板		个	70	70
合计				70	70

记账联

仓库负责人:王林　　发料人:李明　　领料部门负责人:马连奎　　领料人:江峰

41－3

出　库　单

出货单位:祥瑞制造有限责任公司　20×5年12月21日　　　第1213号

提货单位或领货部门	装配车间	销售单号		发出仓库	外购半成品库
编　号	名　　称	规　格	单　位	数量 应　发	数量 实　发
	数控板		个	180	180
合　计				180	180

记账联

仓库负责人:王林　　　　发货人:李明

42—1

借款合同

立合同单位：

祥瑞制造有限责任公司(简称借款方)

中国银行南内环支行 (简称贷款方)

根据国家规定，借款方为进行基本建设所需贷款，经贷款方审查同意发放。为明确双方责任，恪守信用，特签订本合同，共同遵守。

第一条　借款方向贷款方借款人民币(大写) 贰佰万元，用于流动资金。预计用款时间为三个月。

第二条　自支用贷款之日起，按实际支用数计算利息，并计算复利。在合同规定的借款期内，年息为5.8%。借款方如果不按期归还贷款，逾期部分加收利息1%。

第三条　借款方保证从20×5年10月31日起至20×6年1月31日止，偿还全部贷款。逾期不还的，贷款方有权限期追回贷款，或者商请借款单位的其他开户银行代为扣款清偿。

第四条　因国家调整计划、产品价格、税率以及修正概算等原因，需要变更合同条款时，由双方签订变更合同的文件，作为本合同的组成部分。

第五条　贷款方有权检查、监督贷款的使用情况，了解借款方的经营管理、计划执行、财务活动和物资库存等情况。借款方应提供有关的统计、会计报表及资料。

第六条　贷款方保证按照本合同的规定供应资金。因贷款方责任，未按期提供贷款，应按延期天数以违约数额的1%付给借款方违约金。

第七条　借款方应按合同规定使用贷款。否则，贷款方有权收回部分或全部贷款，对违约使用的部分按原定利率加收罚息1%。

第八条　本合同经过双方签字、盖章后生效，贷款本息全部清偿后生效。合同正本一式2份，借、贷双方各执1份。

借款方：(公章)	贷款方：(公章)
祥瑞制造有限责任公司	中国银行南内环支行
法人代表：(签字)李栋梁	法人代表：(签字)李小明

开户银行及账号：中国银行南内环支行，022—05387608

签约日期：20×5年10月30日

签约地点：中国银行南内环支行

42—2

短期借款利息计算单

单位名称：祥瑞制造有限责任公司　　　　20×5 年 12 月 21 日

借款本金	借款期限	起息日	利率	本期应计提利息
2 000 000.00	3 个月	20×5 年 11 月 22 日	5.8%	9 666.67

审核：张瑞英　　　　编制：李红

42—3

中国银行

借款利息通知单(第三联：收账通知)

存款账户户名：祥瑞制造有限责任公司	账号：022—05387608
利息计算时间：20×5 年 10 月 31 日　起	
20×5 年 12 月 21 日　止	
利息金额(大写)：壹万陆仟柒佰伍拾伍元伍角陆分	左列借款利息已经从你单位账户支出。
附记　¥16 755.56 元	
会计：　事后监督：　复核：　制单：	
	20×5 年 12 月 21 日

43—1

领　料　单

领料部门:装配车间

用　　途:装配用　　　　20×5年12月22日　　　　第021209号

材料			单位	数量		
编号	名称	规格		请领	实发	记账联
	油漆		千克	2 500	2 500	
合计				2 500	2 500	

仓库负责人:王林　　发料人:李明　　领料部门负责人:马连奎　　领料人:江峰

43—2

出　库　单

出货单位:祥瑞制造有限责任公司　20×5年12月22日　　　　第1214号

提货单位或领货部门	装配车间	销售单号		发出仓库	辅助材料库	
编号	名称	规格	单位	数量		记账联
				应发	实发	
	油漆		千克	2 500	2 500	
合计				2 500	2 500	

仓库负责人:王林　　　　　　发货人:周兴

44－1

收 据

入账日期:20×5 年 12 月 25 日

交款单位 祥瑞制造有限责任公司 收款方式 转账

人民币(大写) 贰万元整 ¥ 20 000.00

收款事由 罚款

（印章：南海市环保局 财务专用章）

单位盖章 财会主管 记账 出纳 李小朋 审核 经办 李小朋

第二联 交给付款单位

44－2

中国工商银行

转账支票存根

B/0 B/2 20131213

附加信息

出票日期 20×5 年 12 月 25 日

收款人:南海市环保局	
金 额:¥20 000.00	
用 途:罚款	

单位主管 会计

44—3

南海市环保局行政处罚通知书

南市环罚字〔20×5〕7 号

祥瑞制造有限责任公司：

我局于 20×5 年 11 月 25 日对你单位进行了调查，发现你单位随意排放生产污水，对周边环境造成极大的危害。依据《中华人民共和国固体废物污染环境防治法》第七十五条的规定，我局决定对你单位处人民币贰万元罚款。根据《行政处罚法》和《罚款决定与罚款收缴分离实施办法》的规定，你单位应于接到本处罚决定之日起十五日内，到我局领取《南海市非税收入统一缴款书》，并将罚款缴至指定银行。

你单位缴纳罚款后，应将缴款凭据复印件报送我局备案。逾期不缴纳罚款的，我局将依法按每日罚款数额的 3‰加处罚款。

同意支付。

李栋梁

南海市环保局

20×5 年 11 月 25 日

45－1

领　料　单

领料部门：机加工车间

用　　途：生产活动用　　　　20×5 年 12 月 25 日　　　　第 011210 号

材料			单位	数量	
编号	名称	规格		请领	实发
	工作服		套	20	20
	手套		付	20	20
	扳手		把	20	20
	螺钉		盒	50	50
	专用工具		套	10	10
合计					

记账联

仓库负责人：王林　　发料人：李明　　领料部门负责人：赵旭　　领料人：郑敏

45－2

出　库　单

出货单位：祥瑞制造有限责任公司　20×5 年 12 月 25 日　　　　第 1215 号

提货单位或领货部门	机加工车间	销售单号		发出仓库	周转材料库
编号	名称	规格	单位	数量	
				应发	实发
	工作服		套	20	20
	手套		付	20	20
	扳手		把	20	20
	螺钉		盒	50	50
	专用工具		套	10	10
合计					

记账联

仓库负责人：王林　　　　发货人：周兴

45－3

领　料　单

领料部门:装配车间

用　　途:装配活动用　　　　20×5 年 12 月 25 日　　　　第 021210 号

材料			单位	数量	
编号	名称	规格		请领	实发
	工作服		套	20	20
	手套		付	20	20
	扳手		把	20	20
	螺钉		盒	100	100
	专用工具		套	15	15
合计					

记账联

仓库负责人:王林　　　发料人:李明　　　领料部门负责人:马连奎　　　领料人:江峰

45－4

出　库　单

出货单位:祥瑞制造有限责任公司　20×5 年 12 月 25 日　　　　第 1216 号

提货单位或领货部门	装配车间	销售单号		发出仓库	周转材料库
编号	名称	规格	单位	数量	
				应发	实发
	工作服		套	20	20
	手套		付	20	20
	扳手		把	20	20
	螺钉		盒	100	100
	专用工具		套	15	15
合计					

记账联

仓库负责人:王林　　　　　　发货人:周兴

45－5

领　料　单

领料部门:机修车间

用　　途:修理活动用　　　20×5年12月25日　　　第031201号

材料			单位	数量		
编号	名称	规格		请领	实发	记
	工作服		套	10	10	账
	手套		付	10	10	联
	扳手		把	10	10	
	螺钉		盒	50	50	
	专用工具		套	5	5	
合计						

仓库负责人:王林　　发料人:李明　　领料部门负责人:田帅　　领料人:王玲

45－6

出　库　单

出货单位:祥瑞制造有限责任公司　20×5年12月25日　　　第1217号

提货单位或领货部门	机修车间	销售单号		发出仓库	周转材料库	
编号	名称	规格	单位	数量		记
				应发	实发	账
	工作服		套	10	10	联
	手套		付	10	10	
	扳手		把	10	10	
	螺钉		盒	50	50	
	专用工具		套	5	5	
合计						

仓库负责人:王林　　　　　　发货人:周兴

46—1

领 料 单

领料部门:机修车间

用　　途:修理用　　　　20×5年12月26日　　　　第031202号

材料			单位	数量		
编号	名称	规格		请领	实发	
	润滑油		千克	15	15	记账联
合计				15	15	

仓库负责人:王林　　发料人:李明　　领料部门负责人:田帅　　领料人:王玲

46—2

出 库 单

出货单位:祥瑞制造有限责任公司　20×5年12月26日　　　　第1218号

提货单位或领货部门	机修车间	销售单号		发出仓库	辅助材料库	
编号	名称	规格	单位	数量		
				应发	实发	
	润滑油		千克	15	15	记账联
合计				15	15	

仓库负责人:王林　　　　发货人:周兴

47—1

固定电话发票

话费种类	时间	单价		金额								
				百	十	万	千	百	十	元	角	分
市话费	20×5年12月份						¥	7	4	0	0	0
长途话费	20×5年12月份					¥	1	0	0	0	0	0
合计金额（大写）：壹仟柒佰肆拾元整						¥	1	7	4	0	0	0
开票单位：南海市电信局	（盖章有效）	开户银行										
		账号										

（印章：南海市电信局 发票专用章 131102723355000）

名称：祥瑞制造有限责任公司　　20×5年12月26日

47—2

委托银行收款结算凭证

20×5年12月26日

收款单位	全称	南海市电信局	付款单位	全称	祥瑞制造有限责任公司
	账号	3588966		账号	267—50660526
	开户银行	中国工商银行新民街支行		开户银行	中国工商银行南海市分行

委收金额	人民币（大写）	壹仟柒佰肆拾元整	亿	千	百	十	万	千	百	十	元	角	分
							¥	1	7	4	0	0	0

票据种类	委托收款	票据张数	1	收款人开户银行签章
票据号码				
款项内容：电话费				
复核　　记账				

（印章：中国工商银行南海市分行 20X5.12.26 转讫 (1)）

此联是收款人开户银行交给收款人的收账通知

47－3

电话费用分配表

20×5年12月　　　　单位:元

部　门	借方科目	金额	备注
管理部门	管理费用	500	
销售部门	销售费用	500	
机加工车间	制造费用	300	
装配车间	制造费用	280	
机修车间	生产成本	160	
合　计		1 740	

审核:张瑞英　　　　制表:李红

48－1

增值税专用发票

1100081140　　　　№ 05304386

发票联

开票日期:20×5年12月27日

购货单位	名　　称:祥瑞制造有限责任公司 纳税人识别号:150113445672867 地址、电话:南海市朝阳区朝阳东街66号 0561－69986559 开户行及账号:中国工商银行南海市分行 267－50660526	密码区	6098－1<9-7-61342284　加密版本: 8<032/52>9/29563-4974　0197040 1626<8-3024>81106-2　3745210 -47-6<7>2*－/>*>6/　0357834

货物或应税劳务名称	规格型号	单位	数量	单价	金　额	税率	税额
自来水	生产用	吨	1 500	7.8	11 700.00	13%	1 521.00
合　计					11 700.00		1 521.00
价税合计(大写)	⊗壹万叁仟贰佰贰拾壹元整				(小写)13 221.00		

销货单位	名　　称:南海市自来水厂 纳税人识别号:15011233498967 地址、电话:南海市开发区6号　0561－69876544 开户行及账号:中国工商银行开发区分理处 768－909877665	备注	南海市自来水厂 15011233498967 发票专用章

收款人:王肆好　　复核:王晓雪　　开票人:李海　　销货单位:(章)

第三联　发票联　购货方记账凭证

48－2

增值税专用发票

抵扣联

1100081140　　№ 05304386

开票日期：20×5年12月27日

购货单位	名　　称：祥瑞制造有限责任公司 纳税人识别号：150113445672867 地 址 、电 话：南海市朝阳区朝阳东街66号 0561－69986559 开户行及账号：中国工商银行南海市分行 267－50660526	密码区	6098－1<9-7-61342284　加密版本： 8<032/52>9/29563-4974　0197040 1626<8-3024>81106-2　3745210 -47-6<7>2*－/>*>6/　0357834

货物或应税劳务名称	规格型号	单位	数量	单价	金额	税率	税额
自来水	生产用	吨	1 500	7.8	11 700.00	13%	1 521.00
合　　计					11 700.00		1 521.00
价税合计(大写)	⊗壹万叁仟贰佰贰拾壹元整				(小写)￥13 221.00		

销货单位	名　　称：南海市自来水厂 纳税人识别号：15011233498967 地 址 、电 话：南海市开发区6号 0561－69876544 开户行及账号：中国工商银行开发区分理处 768－909877665	注	南海市自来水厂 15011233498967 发票专用章

收款人：王肆好　　复核：王晓雪　　开票人：李海　　销货单位：(章)

第二联　抵扣联　购货方扣税凭证

48－3

委托银行收款结算凭证

20×5年12月27日

收款单位	全　　称	南海市自来水厂	付款单位	全　　称	祥瑞制造有限责任公司
	账　　号	768－909877665		账　　号	267－50660526
	开户银行	中国工商银行开发区分理处		开户银行	中国工商银行南海市分行

委收金额	人民币(大写)	亿	千	百	十	万	千	百	十	元	角	分
	壹万叁仟贰佰贰拾壹元整				￥	1	3	2	2	1	0	0

票据种类	委托收款	票据张数	2	收款人开户银行签章 中国工商银行南海市分行 20×5.12.27 转讫 (1)
票据号码				
款项内容：水费				
复核　　记账				

此联是收款人开户银行交给收款人的收账通知

48－4

水费分配表

20×5 年 12 月　　　　单位：元

部　门	借方科目	分配比例	金额
机加工车间			
装配车间			
机修车间			
行政管理部门			
合　计			

审核：张瑞英　　　　制表：李红

49－1

委托银行收款结算凭证

20×5 年 12 月 27 日

收款单位	全　称	南海市供电局	付款单位	全　称	祥瑞制造有限责任公司
	账　号	267－50663278		账　号	267－50660526
	开户银行	中国工商银行南海市分行		开户银行	中国工商银行南海市分行

委收金额	人民币（大写）	壹拾玖万叁仟肆佰伍拾陆元整	亿	千	百	十	万	千	百	十	元	角	分
					¥	1	9	3	4	5	6	0	0

票据种类	委托收款	票据张数	2	收款人开户银行签章 中国工商银行南海市分行 20×5.12.27 转　讫 （1）
票据号码				
款项内容：电费				
复核　　记账				

此联是收款人开户银行交给收款人的收账通知

49－2

增值税专用发票

1100081140　　　№ 05303785

发票联　（全国统一发票监制章　国家税务总局监制）

开票日期：20×5年12月27日

购货单位	名　　称：祥瑞制造有限责任公司 纳税人识别号：150113445672867 地 址 、电 话：南海市朝阳区朝阳东街66号 0561－69986559 开户行及账号：中国工商银行南海市分行 267－50660526	密码区	6098－1<9-7-61342284　加密版本： 8<032/52>9/29563-4974　0197040 1626<8-3024>81106-2　3745210 -47-6<7>2* －/>* >6/　0357834

货物或应税劳务名称	规格型号	单位	数量	单价	金　额	税率	税额
电费	生产用	度	214 000	0.80	171 200.00	13%	22 256.00
合　计					171 200.00		22 256.00
价税合计（大写）	⊗壹玖万叁仟肆佰伍拾陆元整				（小写）193 456.00		

销货单位	名　　称：南海市供电局 纳税人识别号：150113445612567 地 址 、电 话：南海市朝阳区朝阳西街66号 0561－3456790 开户行及账号：中国工商银行南海市分行 267－83995	注	（南海市供电公司 150113445672867 发票专用章）

收款人：李潇海　　复核：王晓猛　　开票人：吴海　　销货单位：（章）

第三联　发票联　购货方记账凭证

49－3

增值税专用发票

1100081140　　　№ 05303785

抵扣联　（全国统一发票监制章　国家税务总局监制）

开票日期：20×5年12月27日

购货单位	名　　称：祥瑞制造有限责任公司 纳税人识别号：150113445672867 地 址 、电 话：南海市朝阳区朝阳东街66号 0561－69986559 开户行及账号：中国工商银行南海市分行 267－50660526	密码区	6098－1<9-7-61342284　加密版本： 8<032/52>9/29563-4974　0197040 1626<8-3024>81106-2　3745210 -47-6<7>2* －/>* >6/　0357834

货物或应税劳务名称	规格型号	单位	数量	单价	金　额	税率	税额
电费	生产用	度	214 000	0.80	171 200.00	13%	22 256.00
合　　计					171 200.00		22 256.00
价税合计（大写）	⊗壹玖万叁仟肆佰伍拾陆元整				（小写）193 456.00		

销货单位	名　　称：南海市供电局 纳税人识别号：150113445612567 地 址 、电 话：南海市朝阳区朝阳西街66号 0561－3456790 开户行及账号：中国工商银行南海市分行 267－83995	注	（南海市供电公司 150113445672867 发票专用章）

收款人：李潇海　　复核：王晓猛　　开票人：吴海　　销货单位：（章）

第二联　抵扣联　购货方扣税凭证

49－4

电费分配表

20×5年12月

部　门	借方科目	单价	用电度数	金额
机加工车间		0.8元/度		
装配车间		0.8元/度		
机修车间		0.8元/度		
行政管理部门		0.8元/度		
合　计				

审核:张瑞英　　　　制表:李红

50－1

报　销　单

填报日期　20×5年12月27日

姓名	赵芳	所属部门	行政办公室	报销形式:转账	
				支票号码	20131214
报销项目		金额	报销项目		金额
招待费		21 850.00	转账付讫		
			以上单据共2张　金额小计¥21 850.00		
总金额(大写)贰万壹仟捌佰伍拾零元零角零分			预支金额:0	实付金额:0	
总经理:李栋梁	分管经理:	财务负责人:张伟	部门负责人:张丽萍	报销人:赵芳	

50—2

南海市国家税务局通用机打发票

全国统一发票监制章
发票联
国家税务总局监制

机打代码 150100211302
机打号码 10102314
开票日期：20×5 年 12 月 27 日　　行业分类：　　发票代码 150100211302
发票号码 10102314

付款单位名称：祥瑞制造有限责任公司　　付款单位识别号：150113445672867

货物及劳务名称	规格	单位	单价	数量	金额
餐费			21 850		21 850.00

合计人民币（大写）：贰万壹仟捌佰伍拾元整　　合计 ￥21 850.00

收款单位名称（盖章）：芙蓉酒家有限责任公司　　收款单位开户银行及账户：中国银行南海支行 110523588

收款单位识别号：140109531737825　　开票人：王小梅　　备注：

芙蓉酒家有限责任公司
发票专用章
140109531737825

50—3

中国工商银行
转账支票存根

$\frac{B}{0}\frac{B}{2}$ 20131214

附加信息

出票日期 20×5 年 12 月 27 日

收款人：	芙蓉酒家有限责任公司
金　额：	￥21 850.00
用　途：	招待费

单位主管　　会计

51—1

报 销 单

填报日期 20×5年12月28日

<table>
<tr><td rowspan="2">姓名</td><td rowspan="2">赵小华</td><td rowspan="2">所属部门</td><td rowspan="2">销售部</td><td colspan="2">报销形式:转账</td></tr>
<tr><td>支票号码</td><td>20131215</td></tr>
<tr><td colspan="2">报销项目</td><td>金额</td><td colspan="2">报销项目</td><td>金额</td></tr>
<tr><td colspan="2">广告费</td><td>25 000.00</td><td colspan="2"></td><td></td></tr>
<tr><td colspan="2"></td><td></td><td colspan="2"></td><td></td></tr>
<tr><td colspan="2"></td><td>转账付讫</td><td colspan="3">以上单据共2张　金额小计¥25 000.00</td></tr>
<tr><td colspan="4">总金额(大写)贰万伍仟零佰零拾零元零角零分</td><td>预支金额:0</td><td>实付金额:0</td></tr>
<tr><td colspan="6">总经理:李栋梁　分管经理:张力　财务负责人:张伟　部门负责人:宋建军　报销人:赵小华</td></tr>
</table>

51—2

中国工商银行

转账支票存根

$\frac{B}{0}\frac{B}{2}$ 20131215

附加信息

出票日期 20×5年12月28日

收款人:	南海市电视台
金　额:	¥25 000.00
用　途:	广告费

单位主管　　会计

51—3

南海市国家税务局通用机打发票

全国统一发票监制章　发票联　国家税务总局监制

机打代码　150100211302
机打号码　10102314
开票日期：20×5 年 12 月 27 日　　行业分类：　　发票代码　150100211302
发票号码　10102314

付款单位名称：祥瑞制造有限责任公司　　付款单位识别号：150113445672867

货物及劳务名称	规格	单位	单价	数量	金额
广告费			25 000.00	1	25 000.00

合计人民币（大写）：贰万伍仟元整　　合计　¥25 000.00

收款单位名称（盖章）：南海市电视台　　收款单位开户银行及账户：中国农业银行南海支行 110523500

收款单位识别号：140109531737800　　开票人：王小梅　　备注：

南海市电视台　发票专用章　140109531737800

××印刷厂×年×月印×份（数量×3）联号码起

第一联　发票联　购货单位付款凭证（手开无效）

52—1

收　　据

入账日期：20×5 年 12 月 28 日

交款单位　祥瑞制造有限责任公司　　收款方式　转账

人民币（大写）　壹拾万元整　　¥ 100 000.00

收款事由　捐款

南海市朝阳区小学

单位盖章　　财会主管　　记账　　出纳　王小朋　　审核　　经办　王小朋

第二联　交给付款单位

52—2

中国工商银行
转账支票存根

B/0 B/2 20131216

附加信息

出票日期 20×5 年 12 月 28 日

收款人:南海市朝阳区小学	
金　额:¥100 000.00	
用　途:捐款	

单位主管　　会计

52—3

祥瑞制造有限责任公司文件

20×5 董字第 4 号

关于向南海市朝阳区小学捐款的决议

经董事会 20×5 年第六次会议决定,向南海市朝阳区小学捐款 100 000 元,用于校园基础设施建设。

董事长签字:李栋梁

祥瑞制造有限责任公司
20×5 年 12 月 25 日

53－1

存货盘点报告单

单位名称：祥瑞制造有限责任公司　　　　盘点日：20×5年12月29日

编号	名称	单位	单价	实存数量	账存数量	盘盈		盘亏		备注
						数量	金额	数量	金额	
05－1	手套	副	6	65	70			5	30	
05－7	工作服	套	25.5	14	15			1	25.5	
08－4	扳手	个	5.5	48	50			2	11	
合　计									66.5	

财务负责人：张伟　　会计：王强　　仓库负责人：王林　　制表人：王方

54－1

关于对存货盘亏的处理决定

在年末存货盘点中，发现存货盘亏，金额为66.50元，其中：手套盘亏5副，金额为30元；工作服盘亏1套，金额为25.5元；扳手盘亏2个，金额为11元。经检查，盘亏的原因为仓库工作人员疏忽造成的。经研究，决定按照《企业会计准则》的规定，计入“管理费用”。

审批人：赵强

祥瑞制造有限责任公司
20×5年12月30日

55—1

1100131140

增值税专用发票

№ 00131207

此联不作报销、扣税凭证使用

开票日期:20×5年12月30日

购货单位	名　　称:南海市机床经销公司 纳税人识别号:150113445672571 地 址 、电 话:南海市长治路M号 0561—7985555 开户行及账号:交通银行南海市长治路分行 6222520714481777	密码区	6098—1<9-7-61342284 加密版本: 8<032/52>9/29563-4974 0197040 1626<8-3024>81106-2 3745210 -47-6<7>2* —/>*>6/ 0357834

货物或应税劳务名称	规格型号	单位	数量	单价	金额	税率	税额
数控机床	A型	台	6	35 000.00	210 000.00	13%	27 300.00
数控机床	B型	台	8	23 500.00	188 000.00	13%	24 440.00
合　计					¥398 000.00		¥51 740.00
价税合计(大写)	⊗肆拾肆万玖仟柒佰肆拾元整				(小写)¥449 740.00		

销货单位	名　　称:祥瑞制造有限责任公司 纳税人识别号:150113445672867 地 址 、电 话:南海市朝阳区朝阳东街66号 0561—69986559 开户行及账号:中国工商银行南海市分行 267—50660526	备注	

收款人:杨杰　　复核:张瑞英　　开票人:杨杰　　销货单位:(章)

第一联 记账联 销货方记账凭证

55—2

1100131140

增值税专用发票

№ 00131207

此联不作报销、扣税凭证使用

开票日期:20×5年12月30日

购货单位	名　　称:南海市机床经销公司 纳税人识别号:150113445672571 地 址 、电 话:南海市长治路M号 0561—7985555 开户行及账号:交通银行南海市长治路分行 6222520714481777	密码区	6098—1<9-7-61342284 加密版本: 8<032/52>9/29563-4974 0197040 1626<8-3024>81106-2 3745210 -47-6<7>2* —/>*>6/ 0357834

货物或应税劳务名称	规格型号	单位	数量	单价	金额	税率	税额
数控机床	A型	台	6	35 000.00	210 000.00	13%	27 300.00
数控机床	B型	台	8	23 500.00	188 000.00	17%	24 440.00
合　计					¥398 000.00		¥51 740.00
价税合计(大写)	⊗肆拾肆万玖仟柒佰肆拾元整				(小写)¥449 740.00		

销货单位	名　　称:祥瑞制造有限责任公司 纳税人识别号:150113445672867 地 址 、电 话:南海市朝阳区朝阳东街66号 0561—69986559 开户行及账号:中国工商银行南海市分行 267—50660526	备注	

收款人:杨杰　　复核:张瑞英　　开票人:杨杰　　销货单位:(章)

第四联 存根联 销货方留存

55－3

代销清单

供应商编码：012063　　　　　　　　制单日期：20×5 年 12 月 30 日

供应商名称	祥瑞制造有限责任公司	纳税人税号	150113445672867
地　　址	南海市朝阳区朝阳东街 66 号	开　户　行	中国工商银行南海市分行
电　　话	0561－69986559	账　　号	267－50660526

代销商品信息：

编码	品名	规格	单位	数量	单价	金额	税率	税额	备注
1121	数控机床	A 型	台	6	35 000.00	210 000.00	13%	27 300.00	
1122	数控机床	B 型	台	8	23 500.00	188 000.00	13%	24 440.00	
合计	—	—	—	—	—	398 000.00	—	51 740.00	
价税合计	人民币（大写）肆拾肆万玖仟柒佰肆拾元整					（小写）¥449 740.00			

销售经理：刘元　　会计：李伟明　　制单员：张晓　　单位：（公章）

南海市机床经销公司　150113445672588

55－4

中国工商银行进　账　单（收账通知）　3

20×5 年 12 月 30 日

出票人	全　称	南海市机床经销公司	收款人	全　称	祥瑞制造有限责任公司
	账　号	6222520714481777		账　号	267-50660526
	开户银行	交通银行南海市长治路分行		开户银行	中国工商银行南海市分行

金额	人民币（大写）	叁拾玖万零肆拾元整	千	百	十	万	千	百	十	元	角	分
				¥	3	9	0	0	4	0	0	0

票据种类		票据张数	
票据号码			

复核　　记账

中国工商银行南海市分行　20X5.12.30　转　讫　（1）

收款人开户银行签章

此联是收款人开户银行交给收款人的收账通知

55－5

收　据

入账日期:20×5 年 12 月 30 日　　　　№ 0004618

交款单位 祥瑞制造有限责任公司　　收款方式　现金

人民币(大写)　伍万玖仟柒佰元整　　¥ 59 700.00

收款事由　收取代销机床手续费

20×5 年 12 月 30 日

南海市机床经销公司
150113445672571

单位盖章　财会主管　记账　出纳　关朋　审核　经办　关朋

二联交给付款单位

55—6

委托代销合同

合同编号：20×51108

委托人(甲方)：祥瑞制造有限责任公司

代销人(乙方)：南海市机床经销公司

第一条 代销商品、数量、价格　　单位：元

商品名称	规格型号	计量单位	数　量	单　价	合　计
数控机床	A型	台	10	35 000.00	350 000.00
数控机床	B型	台	10	23 500.00	235 000.00
合　计					585 000.00

第二条 代销商品的质量标准

甲方代销商品应与样品相符，保质保量，代销商品数量、规格、价格在有效期内如有变更，甲方必须及时通知乙方，通知到达前，由乙方签出的合同应照旧履行，如因质量或供应脱节而造成的损失和费用(包括手续费)均由甲方负责。

第三条 代销商品的交付地点、方式及费用负担

交货地点：乙方仓库。

交货方式及费用负担：货运，费用由甲方负担。

第四条 代销期限：从20×5年11月30日至20×6年2月28日。

第五条 代销期限终止后，未售出的代销商品退回甲方。

第六条 代销商品报酬的计算方法

乙方按协议价格及委托代销商品的不含税价格的15%收取手续费，乙方以协议价对外出售。

第七条 报酬、货款的结算

已售商品的价款每月结算一次，最后一批代销商品价款在代销期限终止时结清。

第八条 本合同解除的条件

有一方未按上述事项执行，合同自行解除。

第九条 合同争议的解决方式

本合同在履行过程中若发生争议，由双方当事人协商解决；协商不成的，按下列第(一)种方式解决：

(一)提交仲裁委员会仲裁；

(二)依法向人民法院起诉。

第十条 其他约定事项：无

本协议一式两份，甲方一份，乙方一份，自签订日起生效。

甲方(盖章)：祥瑞制造有限责任公司　　乙方(盖章)：南海市机床经销公司

法定代表人：李栋梁　　法定代表人：王强

签订时间：20×5年11月30日　　签订地点：南海市朝阳区朝阳东街66号

56—1

固定资产折旧计提表

单位名称:祥瑞制造有限责任公司　　　　20×5 年 12 月　　　　单位:元

固定资产类别	项目名称	购建时间	原值	预计净残值率	预计使用年限	本月折旧	记入借方科目
房屋建筑物	办公楼	20×2.6.20	1 239 060.00	10%	50		
	机加工车间	20×2.6.20	516 350.00	10%	50		
	装配车间	20×2.6.20	450 260.00	10%	50		
	机修车间	20×2.6.20	50 260.00	10%	50		
	小　计		2 255 930.00				
机器设备	车床 1	20×2.6.20	52 580.00	5%	20		
	车床 2	20×3.6.5	52 580.00	5%	20		
	铣床 1	20×2.6.20	86 800.00	5%	20		
	铣床 2	20×3.6.5	86 800.00	5%	20		
	磨床	20×2.6.20	48 500.00	5%	20		
	剪板机	20×2.6.20	35 000.00	5%	20		
	折弯机	20×2.6.20	45 800.00	5%	20		
	机加工车间小计		408 060.00				
	A 型数控机床装配线	20×2.6.20	853 800.00	5%	20		
	B 型数控机床装配线	20×3.6.20	903 580.00	5%	20		
	装配车间小计		1 757 380.00				
	车床 3	20×2.6.20	18 500.00	5%	20		
	电焊机(2 个)	20×2.6.20	7 300.00	5%	20		
	机修车间小计		25 800.00				
	机器设备小计		2 191 240.00				
运输工具	桑塔纳轿车	20×2.6.20	83 500.00	5%	8		
	帕萨特轿车	20×3.12.20	225 600.00	5%	8		
	桑塔纳轿车	20×3.6.20	80 500.00	5%	8		
	五十铃客货车 2 辆	20×2.6.20	158 000.00	5%	8		
	中型自卸货车(6 吨)1 辆	20×3.12.1	125 600.00	5%	8		
	小　计		673 200.00				
	合　计		5 120 370.00				

审批:张伟　　　　复核:张瑞英　　　　制表:李红

57—1

无形资产摊销明细表

单位名称：祥瑞制造有限责任公司　　　　20×5年12月　　　　单位：元

项目	购置时间	入账价值	摊销期限	年摊销额	月摊销额	记入借方科目
土地使用权	20×2.6.20	1 152 000.00	50			
生产专利技术	20×4.12.08	68 950.00	10			

批准：张伟　　　　复核：张瑞英　　　　编制：李红

58—1

职工薪酬计提汇总表

单位名称:祥瑞制造有限责任公司　　20×5年12月　　单位:元

部门		职工人数	基本工资	岗位工资	绩效工资	应发工资	各项计提								合计
							住房公积金	医疗保险	养老保险	工伤保险	生育保险	工会经费	教育经费	小计	
行政管理人员		30	52 000.00	31 200.00	20 800.00	104 000.00									
销售部门		8	11 200.00	6 720.00	4 480.00	22 400.00									
机加工车间	生产工人	30	35 200.00	21 120.00	14 080.00	70 400.00									
	管理人员	5	9 400.00	5 640.00	3 760.00	18 800.00									
	小计	35	44 600.00	26 760.00	17 840.00	89 200.00									
装配车间	生产工人	24	28 000.00	16 800.00	11 200.00	56 000.00									
	管理人员	4	7 600.00	4 560.00	3 040.00	15 200.00									
	小计	28	35 600.00	21 360.00	14 240.00	71 200.00									
机修车间	生产工人	6	5 400.00	3 240.00	2 160.00	10 800.00									
	管理人员	2	4 800.00	2 880.00	1 920.00	9 600.00									
	小计	8	10 200.00	6 120.00	4 080.00	20 400.00									
合计		109	153 600.00	92 160.00	61 440.00	307 200.00									

批　准:张伟　　审　核:张瑞英　　制　表:李红

58—2

产品工时记录汇总表

20×5年12月31日　　　　单位:小时

产品名称	机加工总工时	装配总工时
A型数控机床	10 855	9 865
B型数控机床	3 519.76	5 136.52
合　计	14 374.76	15 001.52

批准:张伟　　　　审核:张瑞英　　　　制表:李红

58—3

职工薪酬分配表

20×5年12月

部　门			直接计入费用	间接计入费用			费用合计	应借科目
				生产工时	分配率	金额		
行政管理部门								
销售部门								
机加工车间	生产工人	A型数控机床						
		B型数控机床						
		小　计						
	管理人员							
	小　计							
装配车间	生产工人	A型数控机床						
		B型数控机床						
		小　计						
	管理人员							
	小　计							
机修车间	生产工人							
	管理人员							
	小　计							
合　计								

59—1

维修劳务量汇总表

20×5年12月31日　　单位:小时

受益部门	总劳务量
机加工车间	2 818.71
装配车间	2 192.33
管理部门	939.57
销售部门	313.18
合　计	6 263.79

批准:张伟　　审核:田帅　　制表:王玲

59—2

辅助生产费用分配表

20×5年12月31日

受益部门	总劳务量(小时)	分配率	分配金额(元)
机加工车间			
装配车间			
管理部门			
销售部门			
合　计			

批准:张伟　　审核:张瑞英　　制表:李红

59—3

工时记录汇总表

20×5年12月31日　　单位:小时

产品名称	机加工总工时	装配总工时
A型数控机床	10 855	9 865
B型数控机床	3 519.76	5 136.52
合　计	14 374.76	15001.52

批准:张伟　　审核:张瑞英　　制表:李红

59—4

制造费用分配表

车间:机加工车间　　20×5年12月31日

产品名称	工时(小时)	分配率	分配金额(元)
A型数控机床			
B型数控机床			
合　计			

批准:张伟　　审核:张瑞英　　制表:李红

59—5

制造费用分配表

车间:装配车间　　20×5年12月31日

产品名称	工时(小时)	分配率	分配金额(元)
A型数控机床			
B型数控机床			
合　计			

批准:张伟　　审核:张瑞英　　制表:李红

60－1

入 库 单

20×5年12月31日　　　　第1208号

交货单位或部门	装配车间	生产单号	00023768	验收仓库	产成品库
编　号	名　称	规　格	单　位	数　量	
				交　库	实　收
	A型数控机床		台	36	36
合　计				36	36

记账联

仓库负责人：王林　　　　发货人：于力

60－2

入 库 单

20×5年12月31日　　　　第1209号

交货单位或部门	装配车间	生产单号	00023769	验收仓库	产成品库
编　号	名　称	规　格	单　位	数　量	
				交　库	实　收
	B型数控机床		台	33	33
合　计				33	33

记账联

仓库负责人：王林　　　　交货人：高小平

60—3

产品盘点表

20×5年12月31日　　　　单位:台

产品名称	月初在产品	本月投入产品	本月完工产品	月末在产品
A型数控机床	8	37	36	9
B型数控机床	6	33	33	6
合　计	14	70	69	15

生产副经理:赵强　　　　仓库负责人:王林　　　　盘点:李明

60—4

产成品成本计算单

产品名称:A型数控机床　　　　20×5年12月31日　　　　单位:元

成本项目	产品数量	直接材料	直接人工	制造费用	合　计
月初在产品定额成本					
本月生产费用					
生产费用合计					
完工产品单位定额					
在产品完工程度					
在产品单位定额					
月末在产品定额成本					
完工产品成本					
完工产品单位成本					

批准:张伟　　　　审核:张瑞英　　　　制表:李红

60－5

产成品成本计算单

产品名称:B型数控机床　　20×5年12月31日　　单位:元

成本项目	产品数量	直接材料	直接人工	制造费用	合　计
月初在产品定额成本					
本月生产费用					
生产费用合计					
完工产品单位定额					
在产品完工程度					
在产品单位定额					
月末在产品定额成本					
完工产品成本					
完工产品单位成本					

批准:张伟　　审核:张瑞英　　制表:李红

61－1

关于祥瑞制造有限责任公司交易性金融资产公允价值的说明

根据20×5年12月31日上海证券交易所收盘情况,查得阳光股份收盘价为16.8元/股。

批准人:张伟　　审核人:张瑞英　　编制人:赵龙

祥瑞制造有限责任公司
20×5年12月31日

62—1

销售商品成本结转表

单位名称:祥瑞制造有限公司　　20×5 年 12 月 31 日　　单位:台、元

产品型号	期初余额			本月完工入库			本月销售成本			期末余额		
	数量	单价	金额	数量	单价	金额	数量	单价	金额	数量	单价	金额
A 型												
B 型												

审批人:张　伟　　复核人:张瑞英　　制表人:李红

62—2

委托代销商品成本结转表

单位名称:祥瑞制造有限公司　　20×5 年 12 月 31 日　　单位:台、元

产品型号	期初余额			本月销售成本			期末余额		
	数量	单价	金额	数量	单价	金额	数量	单价	金额
A 型									
B 型									

审批人:张　伟　　复核人:张瑞英　　制表人:李红

63—1

坏账准备计提明细表

单位名称:祥瑞制造有限公司　　20×5年12月31日　　单位:元

账　龄	应收账款期初余额	计提比率(%)	坏账准备期初余额	本期转销坏账准备	应收账款期末余额	坏账准备期末余额	本期计提坏账准备
1年以内		5					
1～2年		20					
2～3年		40					
3年以上		100					
合　计							

审批人:张　伟　　复核人:张瑞英　　制表人:王强

64－1

增值税纳税申报表

（一般纳税人适用）

根据国家税收法律法规及增值税相关规定制定本表。纳税人不论有无销售额，均应按税务机关核定的纳税期限填写本表，并向当地税务机关申报。

税款所属时间：自 20×5 年 12 月 01 日至 20×5 年 12 月 31 日　　填表日期：20×5 年 12 月 31 日　　金额单位：元至角分

纳税人识别号	150113445672867		所属行业：C342			
纳税人名称	（公章）	法定代表人姓名	李栋梁	注册地址	南海市朝阳区朝阳东街 66 号	生产经营地址：南海市朝阳区朝阳东街 66 号
开户银行及账号	中国工商银行南海市分行 267－50660526	登记注册类型	有限责任公司		电话号码	0561－69986559

	项目	栏次	一般货物、劳务和应税服务		即征即退货物、劳务和应税服务	
			本月数	本年累计	本月数	本年累计
销售额	（一）按适用税率计税销售额	1				
	其中：应税货物销售额	2				
	应税劳务销售额	3				
	纳税检查调整的销售额	4				
	（二）按简易办法计税销售额	5				
	其中：纳税检查调整的销售额	6				
	（三）免、抵、退办法出口销售额	7			—	—
	（四）免税销售额	8			—	—
	其中：免税货物销售额	9			—	—
	免税劳务销售额	10			—	—
税款计算	销项税额	11				
	进项税额	12				
	上期留抵税额	13				—
	进项税额转出	14				
	免、抵、退应退税额	15			—	—
	按适用税率计算的纳税检查应补缴税额	16			—	—
	应抵扣税额合计	17＝12＋13－14－15＋16		—		—
	实际抵扣税额	18（如 17＜11，则为 17，否则为 11）				
	应纳税额	19＝11－18				
	期末留抵税额	20＝17－18				—
	简易计税办法计算的应纳税额	21				
	按简易计税办法计算的纳税检查应补缴税额	22			—	—
	应纳税额减征额	23				
	应纳税额合计	24＝19＋21－23				
税款缴纳	期初未缴税额（多缴为负数）	25				
	实收出口开具专用缴款书退税额	26			—	—
	本期已缴税额	27＝28＋29＋30＋31				
	①分次预缴税额	28		—		—
	②出口开具专用缴款书预缴税额	29		—	—	—
	③本期缴纳上期应纳税额	30				
	④本期缴纳欠缴税额	31				
	期末未缴税额（多缴为负数）	32＝24＋25＋26－27				
	其中：欠缴税额（≥0）	33＝25＋26－27		—		—
	本期应补（退）税额	34＝24－28－29		—		—
	即征即退实际退税额	35	—	—		
	期初未缴查补税额	36			—	—
	本期入库查补税额	37			—	—
	期末未缴查补税额	38＝16＋22＋36－37			—	—

授权声明	申报人声明
如果你已委托代理人申报，请填写下列资料：为代理一切税务事宜，现授权（地址）　　　　为本纳税人的代理申报人，任何与本申报表有关的往来文件，都可寄予此人。 授权人签字：	本纳税申报表是根据国家税收法律法规及相关规定填报的，我确定它是真实的、可靠的、完整的。 声明人签字：

主管税务机关：　　　　接收人：　　　　接收日期：

64—2

地方税(费)综合申报表

填报日期:20×5年12月31日　　　　金额单位:人民币元

身份识别	①纳税人□			②扣缴义务人			③委托代征人□	
编　　码				名　　称				
地　　址			行业类别			注册类型		
开户银行			银行账号			电　　话		
主管机关				税务管理人员				
税(费)种	税目	税(费)款所属时间	计税(费)依据或课税(费)数量	税(费)率或单位税(费)额	本期应纳税(费)额	累计欠缴或已缴税(费)额	减免税(费)额	本期应纳税(费)额合计
企业所得税	税款所属时间	收入额或利润总额	应税所得率或纳税调整额	应纳税所得额	税率	应纳所得税额	累计欠缴或已缴税额	减免税额	期末应补(退)税额
个人所得税	税款所属时间	所得项目	收入额	应纳税所得额	税率	速算扣除数	应纳税额	已扣缴税额	期末应补(退)税额

授权代理人	(如果你已委托代理人申报,请填写下列资料) 为代理一切税务事宜,现授权＿＿＿＿＿为本人代理申报人。任何与本报表有关的往来文件,都可寄与此人。 授权人签字:＿＿＿＿	声明	我声明:此纳税申报表是根据税收法律、法规的规定填报的,我确信它是真实的、可靠的、完整的。 声明人签字:＿＿＿＿

会计主管签字:　　　　代理申报人签字:　　　　纳税人盖章(章)

以下由税务机关填写

收到日期		接收人		审核日期		税务机关盖章
审核记录	完税证号: 审核人签字:					

注:本表一式二联,第一联为申报联,税务机关审核后退还纳税人,第二联为收执联,由主管税务机关存档。

65—1

投资协议

甲方(被投资人)：伟业房地产公司

乙方(投 资 人)：祥瑞制造有限责任公司

甲乙双方经友好协商,根据中华人民共和国法律、法规的规定,本着互惠互利的原则,就合作投资事宜达成如下协议,以共同遵守。

第一条 投资额和投资方式

乙方已充分了解甲方的创业计划,并认同其市场前景,拟投入风险资金与甲方共同创业。经甲、乙双方同意,以甲方注册成立的 伟业房地产公司 为项目投资主体。乙方以风险投资方身份向甲方提供经营公司的出资总额为人民币壹佰万元整,占出资总额的 40%。

第二条 利润分享和亏损分担

投资人按其投资额占出资总额的比例分享投资的利润,分担投资的亏损。

每年 2 月 1 日为投资分红日,同时召开股东大会。

投资人以其投资额为限对股份有限公司承担责任。

投资于股份有限公司的股份转让后,各投资人有权按其出资比例取得财产。

第三条 事务执行

1. 共同投资人委托甲方代表全体共同投资人执行共同投资的日常事务,包括但不限于：

(1)在股份公司发起设立阶段,行使及履行作为股份有限公司发起人的权利和义务;

(2)在股份公司成立后,行使其作为股份公司股东的权利、履行相应义务;

(3)收集共同投资所产生的孳息,并按照本协议有关规定处置。

2. 其他投资人有权检查日常事务的执行情况,甲方有义务向其他投资人报告共同投资的经营状况和财务状况。

3. 甲方执行共同投资事务所产生的收益归全体共同投资人,所产生的亏损或者民事责任由共同投资人承担。

4. 共同投资的下列事务必须经全体共同投资人同意：

(1)转让共同投资于伟业房地产公司的股份;

(2)以上述股份对外出质;

(3)更换事务执行人。

第四条 投资的转让

1. 共同投资人向共同投资人以外的人转让其在共同投资中的全部或部分出资额时,须经全体共同投资人同意;

2. 共同投资人之间转让在共同投资中的全部或部分投资额时，应当通知其他共同出资人；

3. 共同投资人依法转让其出资额的，在同等条件下，其他共同投资人有优先受让的权利。

第五条　其他权利和义务

1. 甲方及其他共同投资人不得私自转让或者处分共同投资的股份；

2. 共同投资人在股份有限公司登记之日起三年内，不得转让其持有的股份及出资额；

3. 股份有限公司成立后，任一共同投资人不得从共同投资中抽回出资额；

4. 股份有限公司不能成立时，对设立行为所产生的债务和费用按各共同投资人的出资比例分担。

第六条　违约责任

为保证本协议的实际履行，乙方自愿向其他共同投资人提供担保。乙方承诺在其违约并造成其他共同投资人损失的情况下，以上述财产向其他共同投资人承担违约责任。

第七条　其他

1. 本协议未尽事宜由共同投资人协商一致后，另行签订补充协议。

2. 本协议经全体共同投资人签字盖章后生效。本协议一式 贰 份，共同投资人各执一份。

甲方（盖章）：　　　　　　　　　　乙方（盖章）：

法定代表人：李 鹏　　　　　　　　法定代表人：李[illegible]

签订日期：20×3 年 12 月 25 日　　签订日期：20×3 年 12 月 25 日

65—2

资产负债表

填报日期：20×5 年 12 月 31 日

会企 01 表

编制单位：伟业房地产公司　　　　单位：元

资　产	行次	期末余额	年初余额	负债及所有者权益（或股东权益）	行次	期末余额	年初余额
流动资产：	1			流动负债：	32		
货币资金	2	200 000.00	180 000.00	短期借款	33	50 000.00	100 000.00
交易性金融资产	3	—	—	交易性金融负债	34	—	—
应收票据	4	—	—	应付票据	35	—	—
应收账款	5	500 000.00	300 000.00	应付账款	36	80 000.00	100 000.00
预付款项	6	—	—	预收款项	37	—	—
应收利息	7	—	—	应付职工薪酬	38	200 000.00	200 000.00
应收股利	8	—	—	应交税费	39	100 000.00	90 000.00
其他应收款	9	10 000.00	5 000.00	应付利息	40	2 000.00	1 500.00
存货	10	1 000 000.00	900 000.00	应付股利	41	—	—
一年内到期的非流动资产	11			其他应付款	42	—	—
其他流动资产	12	—	—	一年内到期的非流动负债	43	—	—
流动资产合计	13	1 710 000.00	1 385 000.00	其他流动负债	44	—	—
非流动资产：	14	—	—	流动负债合计	45	432 000.00	491 500.00
长期应收款	15	—	—	非流动负债：	46	—	—
长期股权投资	16	—	—	长期借款	47	150 000.00	150 000.00
投资性房地产	17	—	—	应付债券	48	—	—
固定资产	18	1 000 000.00	551 500.00	长期应付款	49	—	—
在建工程	19	—	—	专项应付款	50	—	—
工程物资	20	—	—	预计负债	51	—	—
固定资产清理	21	—	—	递延所得税负债	52	—	—
生产性生物资产	22	—	—	其他非流动负债	53	—	—
油气资产	23	—	—	非流动负债合计	54	150 000.00	150 000.00
无形资产	24	—	—	负债合计	55	582 000.00	641 500.00
开发支出	25	—	—	所有者权益（或股东权益）：	56	—	—
商誉	26	—	—	实收资本（或股本）	57	1 000 000.00	1 000 000.00
长期待摊费用	27	—	—	资本公积	58	50 000.00	50 000.00
递延所得税资产	28	—	—	减：库存股	59	—	—
其他非流动资产	29	—	—	盈余公积	60	48 000.00	45 000.00
非流动资产合计	30	1 000 000.00	551 500.00	未分配利润	61	1 030 000.00	200 000.00
				所有者权益（或股东权益）合计	62	2 128 000.00	1 295 000.00
					63	—	—
资产总计	31	2 710 000.00	1 936 500.00	负债和所有者权益（或股东权益）总计	64	2 710 000.00	1 936 500.00

制表：

65—3

利润表

20×5年度

会企02表

编制单位：伟业房地产公司　　　　单位：元

项　　目	行次	本期金额	上期金额
一、营业收入	1	12 000 000.00	11 000 000.00
减：营业成本	2	10 500 000.00	10 000 000.00
税金及附加	3	100 000.00	90 000.00
销售费用	4	12 000.00	10 000.00
管理费用	5	10 000.00	9 000.00
财务费用	6	8 000.00	8 000.00
资产减值损失	7	—	—
加：公允价值变动收益（损失以"－"号填列）	8	—	—
投资收益（损失以"－"号填列）	9	—	—
其中：对联营企业和合营企业的投资收益	10	—	—
二、营业利润（亏损以"－"号填列）	11	1 370 000.00	883 000.00
加：营业外收入	12	8 000.00	6 000.00
减：营业外支出	13	20 000.00	18 000.00
其中：非流动资产处置损失	14	—	—
三、利润总额（亏损总额以"－"号填列）	15	1 358 000.00	871 000.00
减：所得税费用	16	558 000.00	200 000.00
四、净利润（净亏损以"－"号填列）	17	800 000.00	671 000.00
五、每股收益	18	—	—
（一）基本每股收益	19	—	—
（二）稀释每股收益	20	—	—

制表：

66－1

所得税费用计算表

年　　月　　日

项　　目	金　　额
1. 会计利润总额	
加：纳税调增金额	
减：纳税调减金额	
2. 应纳税所得额	
3. 应纳所得税（税率25%）	
加：递延所得税负债	
减：递延所得税资产	
4. 所得税费用	

审批：张伟　　　　复核：张瑞英　　　　制表：赵龙

第六章

编制及分析财务报表的相关资料

第一节　20×5 年 1～11 月损益类各项目累计发生额

20×5 年 1～11 月损益类各账户累计发生额

单位:元

总账科目	二级明细科目	三级明细科目	借方累计发生额	贷方累计发生额
主营业务收入			13 084 000.00	13 084 000.00
	A 型数控机床		8 046 000.00	8 046 000.00
	B 型数控机床		5 038 000.00	5 038 000.00
主营业务成本			9 147 654.21	9 147 654.21
	A 型数控机床		5 896 672.53	5 896 672.53
	B 型数控机床		3 250 981.68	3 250 981.68
其他业务收入			252 600.00	252 600.00
	运输费收入		252 600.00	252 600.00
其他业务成本			13 672.12	13 672.12
	折旧费		13 672.12	13 672.12
税金及附加			83 627.06	83 627.06
销售费用			457 908.34	457 908.34
	工资及福利费		246 400.00	246 400.00
	公积金		12 320.00	12 320.00
	医疗保险		8 624.00	8 624.00

续表

总账科目	二级明细科目	三级明细科目	借方累计发生额	贷方累计发生额
	养老保险		24 640.00	24 640.00
	工伤保险		739.20	739.20
	生育保险		985.60	985.60
	工会经费		2 464.00	2 464.00
	教育经费		1 848.00	1 848.00
	折旧费		0.00	0.00
	运输费		52 500.00	52 500.00
	广告费		0.00	0.00
	差旅费		56 850.00	56 850.00
	其他		50 537.54	50 537.54
管理费用			1 997 788.58	1 997 788.58
	工资及福利费		1 144 000.00	1 144 000.00
	公积金		57 200.00	57 200.00
	医疗保险		40 040.00	40 040.00
	养老保险		114 400.00	114 400.00
	工伤保险		3 432.00	3 432.00
	生育保险		4 576.00	4 576.00
	工会经费		11 440.00	11 440.00
	教育经费		8 580.00	8 580.00
	折旧费		80 052.94	80 052.94
	无形资产摊销		21 120.00	21 120.00
	业务招待费		152 950.00	152 950.00
	差旅费		123 500.00	123 500.00
	其他		236 497.64	236 497.64
财务费用			72 462.66	72 462.66
	利息		31 500.00	31 500.00
	现金折扣		40 437.66	40 437.66
	手续费		525.00	525.00
资产减值损失			0.00	0.00
公允价值变动收益			0.00	0.00

续表

总账科目	二级明细科目	三级明细科目	借方累计发生额	贷方累计发生额
投资收益			0.00	0.00
营业外收入			48 328.63	48 328.63
	罚款及赔偿所得		23 328.63	23 328.63
	现金盘盈		0.00	0.00
	其他		25 000.00	25 000.00
营业外支出			0.00	0.00
	处置非流动资产净损失		0.00	0.00
	罚款支出		0.00	0.00
	捐赠支出		0.00	0.00
	其他		0.00	0.00
所得税费用			402 953.92	402 953.92
合　计			25 560 995.52	25 560 995.52

第二节　20×5年资产负债及所有者权益类各项目年初数及1～11月累计发生额

20×5年资产负债及所有者权益类各账户年初余额及1～11月累计发生额 单位:元

总账科目	二级明细科目	三级明细科目	年初余额		1～11月累计发生额		11月末余额	
			借方	贷方	借方	贷方	借方	贷方
库存现金			3 520.00		58 652.80	61 934.30	238.50	
银行存款			653 218.09		18 558 205.60	18 797 758.22	413 665.47	
	工商银行		600 858.09		14 558 205.60	14 769 248.22	389 815.47	
	中国银行		52 360.00		4 000 000.00	4 028 510.00	23 850.00	
其他货币资金	银行汇票存款		0.00		0.00	0.00	0.00	
交易性金融资产			156 500.00		0.00	0.00	156 500.00	
	阳光股份	成本	148 500.00		0.00	0.00	148 500.00	
		公允价值变动	8 000.00		0.00	0.00	8 000.00	
应收票据			258 000.00		1 392 400.00	258 000.00	1 392 400.00	
	北方机电公司		0.00		760 000.00	0.00	760 000.00	
	汉北有限公司		258 000.00		632 400.00	258 000.00	632 400.00	
应收账款			1 610 000.00		6 100 000.00	6 100 000.00	1 610 000.00	
	福海贸易公司		910 000.00		0.00	0.00	910 000.00	
	泰山公司		500 000.00		1 253 000.00	1 753 000.00	0.00	
	远航公司		200 000.00		197 000.00	397 000.00	0.00	

续表

总账科目	二级明细科目	三级明细科目	年初余额		1～11月累计发生额		11月末余额	
			借方	贷方	借方	贷方	借方	贷方
	南海市机床经销公司		0.00		3 600 000.00	3 000 000.00	600 000.00	
	泰安起重机厂		0.00		1 050 000.00	950 000.00	100 000.00	
其他应收款			1 200.00		2 080.00	2 000.00	1 280.00	
	南海市机床经销公司	押金	1 200.00		80.00	0.00	1 280.00	
	张建平		0.00		2 000.00	2 000.00	0.00	
坏账准备				267 000.00	35 000.00	35 000.00		267 000.00
	福海贸易公司			232 000.00	0.00	0.00		232 000.00
	泰山公司			25 000.00	25 000.00	0.00		0.00
	远航公司			10 000.00	10 000.00	0.00		0.00
	南海市机床经销公司			0.00	0.00	30 000.00		30 000.00
	泰安起重机厂			0.00	0.00	5 000.00		5 000.00
原材料			758 350.00		7 100 250.00	7 380 600.00	478 000.00	
	原材料		405 540.00		3 579 460.00	3 930 000.00	55 000.00	
		圆钢	215 000.00		2 023 000.00	2 210 000.00	28 000.00	
		钢板	190 540.00		1 556 460.00	1 720 000.00	27 000.00	
	外购半成品		276 850.00		3 445 550.00	3 400 000.00	322 400.00	
		轴承	100 850.00		673 150.00	634 000.00	140 000.00	
		电机	85 000.00		1 254 400.00	1 268 000.00	71 400.00	
		标准件	28 000.00		376 000.00	368 000.00	36 000.00	
		数控板	63 000.00		1 142 000.00	1 130 000.00	75 000.00	
	辅助材料		75 960.00		75 240.00	50 600.00	100 600.00	
		油漆	75 000.00		71 000.00	46 000.00	100 000.00	
		润滑油	960.00		4 240.00	4 600.00	600.00	
库存商品			1 165 323.50		9 768 134.91	9 580 945.01	1 352 513.40	
	A型数控机床		699 194.10		6 302 939.43	6 159 877.53	842 256.00	
	B型数控机床		466 129.40		3 465 195.48	3 421 067.48	510 257.40	
发出商品			0.00		433 290.80	0.00	433 290.80	
	A型数控机床		0.00		263 205.00	0.00	263 205.00	
	B型数控机床		0.00		170 085.80	0.00	170 085.80	
周转材料			10 500.00		131 380.00	124 080.00	17 800.00	
	低值易耗品		7 500.00		108 080.00	102 780.00	12 800.00	
		工作服	500.00		4 260.00	4 260.00	500.00	
		手套	100.00		1 065.00	1 065.00	100.00	
		专用工具	1 200.00		7 900.00	7 100.00	2 000.00	
		扳手	100.00		455.00	355.00	200.00	
		螺钉	5 600.00		94 400.00	90 000.00	10 000.00	
	包装物		3 000.00		23 300.00	21 300.00	5 000.00	
		包装箱	3 000.00		23 300.00	21 300.00	5 000.00	
长期股权投资			1 150 000.00		0.00	0.00	1 150 000.00	
	伟业房地产公司	成本	1 000 000.00		0.00	0.00	1 000 000.00	
		损益调整	150 000.00		0.00	0.00	150 000.00	

续表

总账科目	二级明细科目	三级明细科目	年初余额		1~11月累计发生额		11月末余额	
			借方	贷方	借方	贷方	借方	贷方
固定资产			5 120 370.00		0.00	0.00	5 120 370.00	
	房屋建筑物		2 255 930.00				2 255 930.00	
		办公楼	1 239 060.00				1 239 060.00	
		机加工车间	516 350.00				516 350.00	
		装配车间	450 260.00				450 260.00	
		机修车间	50 260.00				50 260.00	
	机器设备		2 191 240.00				2 191 240.00	
		车床 1	52 580.00				52 580.00	
		车床 2	52 580.00				52 580.00	
		铣床 1	86 800.00				86 800.00	
		铣床 2	86 800.00				86 800.00	
		磨床	48 500.00				48 500.00	
		剪板机	35 000.00				35 000.00	
		折弯机	45 800.00				45 800.00	
		A 型数控机床装配线	853 800.00				853 800.00	
		B 型数控机床装配线	903 580.00				903 580.00	
		车床 3	18 500.00				18 500.00	
		电焊机(2 个)	7 300.00				7 300.00	
	运输工具		673 200.00				673 200.00	
		桑塔纳轿车 1	83 500.00				83 500.00	
		帕萨特轿车	225 600.00				225 600.00	
		桑塔纳轿车 2	80 500.00				80 500.00	
		五十铃客货车 2 辆(1 吨)	158 000.00				158 000.00	
		中型自卸货车 1 辆(6 吨)	125 600.00				125 600.00	
累计折旧				439 925.46		205 913.73		645 839.19
	房屋建筑物			101 517.00		37 222.90		138 739.90
		办公楼		55 757.70		20 444.49		76 202.19
		机加工车间		23 235.90		8 519.83		31 755.73
		装配车间		20 261.70		7 429.29		27 690.99
		机修车间		2 261.70		829.29		3 090.99
	机器设备			210 669.24		95 410.26		306 079.50
		车床 1		6 243.90		2 289.43		8 533.33
		车床 2		3 746.34		2 289.43		6 035.77
		铣床 1		10 307.40		3 779.38		14 086.78
		铣床 2		6 184.44		3 779.38		9 963.82
		磨床		5 759.40		2 111.78		7 871.18
		剪板机		4 156.20		1 523.94		5 680.14
		折弯机		5 438.70		1 994.19		7 432.89
		A 型数控机床装配线		101 388.90		37 175.93		138 564.83
		B 型数控机床装配线		64 380.06		39 343.37		103 723.43

续表

总账科目	二级明细科目	三级明细科目	年初余额		1～11月累计发生额		11月末余额	
			借方	贷方	借方	贷方	借方	贷方
		车床3		2 196.90		805.53		3 002.43
		电焊机(2个)		867.00		317.90		1 184.90
	运输工具			127 739.22		73 280.57		201 019.79
		桑塔纳轿车1		24 789.00		9 089.30		33 878.30
		帕萨特轿车		26 790.00		24 557.50		51 347.50
		桑塔纳轿车2		14 338.98		8 762.71		23 101.69
		五十铃客货车2辆(1吨)		46 906.20		17 198.94		64 105.14
		中型自卸货车1辆(6吨)		14 915.04		13 672.12		28 587.16
无形资产			1 220 950.00				1 220 950.00	
	土地使用权		1 152 000.00				1 152 000.00	
	生产专利技术		68 950.00				68 950.00	
累计摊销				60 094.58		27 440.42		87 535.00
	土地使用权			59 520.00		21 120.00		80 640.00
	生产专利技术			574.58		6 320.42		6 895.00
递延所得税资产			66 750.00				66 750.00	
资产合计			12 174 681.59	767 020.04	43 579 394.11	42 573 671.68	13 413 758.17	1 000 374.19
短期借款				2 000 000.00	2 000 000.00	2 000 000.00		2 000 000.00
	中国银行			2 000 000.00	2 000 000.00	2 000 000.00		2 000 000.00
应付票据				385 900.00	385 900.00			0.00
	淮北钢铁厂			385 900.00	385 900.00			0.00
应付账款				1 881 000.00	4 121 610.00	4 212 510.00		1 971 900.00
	新伟钢铁厂			571 760.00	699 260.00	807 500.00		680 000.00
	长峰钢厂			1 035 320.00	1 188 830.00	1 333 210.00		1 179 700.00
	新华标准件厂			153 020.00	1 016 820.00	898 000.00		34 200.00
	创新电子设备厂			85 900.00	767 900.00	780 000.00		98 000.00
	新阳轴承厂			35 000.00	448 800.00	393 800.00	20 000.00	
应付职工薪酬				369 258.10	4 079 842.10	4 087 142.40		376 558.40
	短期薪酬			338 538.10	3 741 922.10	3 749 222.40		345 838.40
		工资		307 200.00	3 379 200.00	3 379 200.00		307 200.00
		福利		0.00	0.00	0.00		0.00
		公积金		15 360.00	168 960.00	168 960.00		15 360.00
		医疗保险		10 752.00	118 272.00	118 272.00		10 752.00
		工伤保险		921.60	10 137.60	10 137.60		921.60
		生育保险		1 228.80	13 516.80	13 516.80		1 228.80
		工会经费		1 072.00	29 792.00	33 792.00		5 072.00
		职工教育经费		2 003.70	22 043.70	25 344.00		5 304.00
	离职后福利			30 720.00	337 920.00	337 920.00		30 720.00
		养老保险		30 720.00	337 920.00	337 920.00		30 720.00
应交税费				125 078.22	3 479 141.95	3 588 157.73		234 094.00
	应交增值税			0.00	2 252 066.00	2 252 066.00		0.00
		进项税额			1 415 795.40			

续表

总账科目	二级明细科目	三级明细科目	年初余额		1～11月累计发生额		11月末余额	
			借方	贷方	借方	贷方	借方	贷方
		销项税额				2 252 066.00		
		转出未交增值税			836 270.60			
	未交增值税			74 135.00	721 065.60	836 270.60		189 340.00
	应交城市建设维护税			5 189.45	50 474.59	58 538.94		13 253.80
	应交教育费附加			2 224.05	21 631.97	25 088.12		5 680.20
	应交企业所得税			43 529.72	420 663.64	402 953.92		25 820.00
	应交个人所得税			0.00	13 240.15	13 240.15		0.00
应付利息				4 098.89	18 010.00	21 000.00		7 088.89
	中国银行			4 098.89	18 010.00	21 000.00		7 088.89
其他应付款				26 195.39	279 635.39	253 440.00		0.00
	远航公司押金			26 195.39	26 195.39	0.00		0.00
	公积金			0.00	84 480.00	84 480.00		0.00
	养老保险			0.00	135 168.00	135 168.00		0.00
	医疗保险			0.00	33 792.00	33 792.00		0.00
递延所得税负债				2 000.00	0.00	0.00		2 000.00
负债合计				4 793 530.60	14 364 139.44	14 162 250.13	0.00	4 591 641.29
实收资本				5 000 000.00				5 000 000.00
	长达股份有限公司			1 250 000.00	0.00	0.00		1 250 000.00
	蓝海股份公司			3 750 000.00	0.00	0.00		3 750 000.00
资本公积				250 000.00	0.00	0.00		250 000.00
	其他资本公积			250 000.00	0.00	0.00		250 000.00
盈余公积				205 206.50	0.00	0.00		205 206.50
	法定盈余公积			205 206.50	0.00	0.00		205 206.50
本年利润					12 176 066.89	13 384 928.63		1 208 861.74
利润分配				1 432 674.45	0.00	0.00		1 432 674.45
	未分配利润			1 432 674.45	0.00	0.00		1 432 674.45
所有者权益合计				6 887 880.95	12 176 066.89	13 384 928.63	0.00	8 096 742.69

第三节　20×5年成本类各项目年初数及1～11月累计发生额

20×5年成本类各账户年初余额及1～11月累计发生额

单位:元

总账科目	二级明细科目	三级明细科目	年初余额		1～11月累计发生额		11月末余额	
			借方	贷方	借方	贷方	借方	贷方
生产成本			273 750.00		10 052 749.43	10 051 499.43	275 000.00	
	A型数控机床		185 250.00		6 302 689.43	6 302 939.43	185 000.00	
		直接材料	149 800.00		4 285 798.70	4 285 998.70	149 600.00	

续表

总账科目	二级明细科目	三级明细科目	年初余额		1～11月累计发生额		11月末余额	
			借方	贷方	借方	贷方	借方	贷方
		直接人工	11 415.00		630 278.94	630 293.94	11 400.00	
		制造费用	24 035.00		1 386 611.80	1 386 646.80	24 000.00	
	B型数控机床		88 500.00		3 466 695.48	3 465 195.48	90 000.00	
		直接材料	77 000.00		2 634 548.50	2 633 548.50	78 000.00	
		直接人工	3 980.00		277 285.63	277 215.63	4 050.00	
		制造费用	7 520.00		554 861.30	554 431.30	7 950.00	
	辅助生产费用				283 364.52	283 364.52		
制造费用					787 096.11	787 096.11		
	机加工车间				435 114.34	435 114.34		
		工资及福利费			206 800.00	206 800.00		
		公积金			10 340.00	10 340.00		
		医疗保险			7 238.00	7 238.00		
		养老保险			20 680.00	20 680.00		
		工伤保险			620.40	620.40		
		生育保险			827.20	827.20		
		工会经费			2 068.00	2 068.00		
		教育经费			1 551.00	1 551.00		
		低值易耗品摊销			45 529.00	45 529.00		
		折旧费			2 389.76	2 389.76		
		辅助生产费用			122 312.80	122 312.80		
		其他			14 758.18	14 758.18		
	装配车间				351 981.77	351 981.77		
		工资及福利费			167 200.00	167 200.00		
		公积金			8 360.00	8 360.00		
		医疗保险			5 852.00	5 852.00		
		养老保险			16 720.00	16 720.00		
		工伤保险			501.60	501.60		
		生育保险			668.80	668.80		
		工会经费			1 672.00	1 672.00		
		教育经费			1 254.00	1 254.00		
		低值易耗品摊销			40 251.00	40 251.00		
		折旧费			7 631.69	7 631.69		
		辅助生产费用			95 132.18	95 132.18		
		其他			6 738.50	6 738.50		
成本合计			273 750.00	0.00	10 839 845.54	10 838 595.54	275 000.00	0.00

第七章

科目汇总表及财务报表

第一节　科目汇总表

科目汇总表

编制单位:祥瑞制造有限责任公司　　日期:20×5年12月31日　　金额单位:元

科目编码	总账科目	本期发生额	
		借方	贷方
1001	库存现金		
1002	银行存款		
1012	其他货币资金		
1101	交易性金融资产		
1121	应收票据		
1122	应收账款		
1221	其他应收款		
1231	坏账准备		
1403	原材料		
1405	库存商品		
1406	发出商品		
1412	周转材料		

续表

科目编码	总账科目	本期发生额	
		借方	贷方
1511	长期股权投资		
1601	固定资产		
1602	累计折旧		
1606	固定资产清理		
1702	累计摊销		
1811	递延所得税资产		
1901	待处理财产损溢		
2201	应付票据		
2202	应付账款		
2211	应付职工薪酬		
2221	应交税费		
2231	应付利息		
2241	其他应付款		
2901	递延所得税负债		
4101	盈余公积		
4103	本年利润		
4104	利润分配		
5001	生产成本		
5101	制造费用		
6001	主营业务收入		
6051	其他业务收入		
6101	公允价值变动损益		
6111	投资收益		
6301	营业外收入		
6401	主营业务成本		
6402	其他业务成本		
6403	税金及附加		

续表

科目编码	总账科目	本期发生额	
		借方	贷方
6601	销售费用		
6602	管理费用		
6603	财务费用		
6701	资产减值损失		
6711	营业外支出		
6801	所得税费用		
合　计			

第二节　试算平衡表

试算平衡表

编制单位：祥瑞制造有限责任公司　　　　日期：20×5 年 12 月 31 日　　　　金额单位：元

总账科目	二级明细科目	三级明细科目	期初余额		本年累计发生额		年末余额	
			借方	贷方	借方	贷方	借方	贷方
库存现金								
银行存款								
	工商银行							
	中国银行							
其他货币资金	银行汇票存款							
交易性金融资产								
	阳光股份	成本						
		公允价值变动						
应收票据								
	北方机电公司							
	汉北有限公司							
应收账款								
	福海贸易公司							
	泰山公司							
	远航公司							
	南海市机床经销公司							
	泰安起重机厂							
其他应收款								
	南海市机床经销公司	押金						

续表

总账科目	二级明细科目	三级明细科目	期初余额		本年累计发生额		年末余额	
			借方	贷方	借方	贷方	借方	贷方
	张建平							
	王健							
坏账准备								
	福海贸易公司							
	泰山公司							
	远航公司							
	南海市机床经销公司							
	泰安起重机厂							
原材料								
	原材料							
		圆钢						
		钢板						
	外购半成品							
		轴承						
		电机						
		标准件						
		数控板						
	辅助材料							
		油漆						
		润滑油						
库存商品								
	A 型数控机床							
	B 型数控机床							

续表

总账科目	二级明细科目	三级明细科目	期初余额		本年累计发生额		年末余额	
			借方	贷方	借方	贷方	借方	贷方
发出商品								
	A 型数控机床							
	B 型数控机床							
周转材料								
	低值易耗品							
		工作服						
		手套						
		专用工具						
		扳手						
		螺钉						
	包装物							
		包装箱						
长期股权投资								
	伟业房地产公司	成本						
		损益调整						
固定资产								
	房屋建筑物							
		办公楼						
		机加工车间						
		装配车间						
		机修车间						
	机器设备							
		车床 1						

续表

总账科目	二级明细科目	三级明细科目	期初余额		本年累计发生额		年末余额	
			借方	贷方	借方	贷方	借方	贷方
		车床 2						
		W 车床						
		铣床 1						
		铣床 2						
		磨床						
		剪板机						
		折弯机						
		A 型数控机床装配线						
		B 型数控机床装配线						
		车床 3						
		电焊机(2 个)						
	运输工具							
		桑塔纳轿车 1						
		帕萨特轿车						
		桑塔纳轿车 2						
		五十铃客货车 2 辆(1 吨)						
		中型自卸货车 1 辆(6 吨)						
累计折旧								
	房屋建筑物							
		办公楼						
		机加工车间						

续表

总账科目	二级明细科目	三级明细科目	期初余额		本年累计发生额		年末余额	
			借方	贷方	借方	贷方	借方	贷方
		装配车间						
		机修车间						
	机器设备							
		车床 1						
		车床 2						
		铣床 1						
		铣床 2						
		磨床						
		剪板机						
		折弯机						
		A 型数控机床装配线						
		B 型数控机床装配线						
		车床 3						
		电焊机(2 个)						
	运输工具							
		桑塔纳轿车 1						
		帕萨特轿车						
		桑塔纳轿车 2						
		五十铃客货车 2 辆(1 吨)						
		中型自卸货车 1 辆(6 吨)						

续表

总账科目	二级明细科目	三级明细科目	期初余额		本年累计发生额		年末余额	
			借方	贷方	借方	贷方	借方	贷方
无形资产								
	土地使用权							
	生产专利技术							
累计摊销								
	土地使用权							
	生产专利技术							
递延所得税资产								
待处理财产损溢								
资产小计								
短期借款								
	中国银行							
应付票据								
	淮北钢铁厂							
应付账款								
	新伟钢铁厂							
	长峰钢厂							
	新华标准件厂							
	创新电子设备厂							
	新阳轴承厂							
应付职工薪酬								

续表

总账科目	二级明细科目	三级明细科目	期初余额		本年累计发生额		年末余额	
			借方	贷方	借方	贷方	借方	贷方
	短期薪酬							
		工资						
		福利						
		公积金						
		医疗保险						
		工伤保险						
		生育保险						
		工会经费						
		职工教育经费						
	离职后福利							
		养老保险						
应交税费								
	应交增值税							
		进项税额						
		销项税额						
		转出未交增值税						
	未交增值税							
	应交城市建设维护税							
	应交教育费附加							
	应交企业所得税							

续表

总账科目	二级明细科目	三级明细科目	期初余额		本年累计发生额		年末余额	
			借方	贷方	借方	贷方	借方	贷方
	应交个人所得税							
	应交土地使用税							
	应交房产税							
	应交车船税							
应付利息								
	中国银行							
其他应付款								
	远航公司押金							
	公积金							
	养老保险							
	医疗保险							
递延所得税负债								
负债小计								
实收资本								
	长达股份有限公司							
	蓝海股份公司							
资本公积								
	其他资本公积							
盈余公积								
	法定盈余公积							

续表

总账科目	二级明细科目	三级明细科目	期初余额		本年累计发生额		年末余额	
			借方	贷方	借方	贷方	借方	贷方
本年利润								
利润分配								
	未分配利润							
所有者权益小计								
主营业务收入								
	A 型数控机床							
	B 型数控机床							
主营业务成本								
	A 型数控机床							
	B 型数控机床							
其他业务收入								
	运输费收入							
其他业务成本								
	折旧费							
营业税金及附加								
销售费用								
	工资及福利费							
	公积金							
	医疗保险							
	养老保险							

续表

总账科目	二级明细科目	三级明细科目	期初余额		本年累计发生额		年末余额	
			借方	贷方	借方	贷方	借方	贷方
	工伤保险							
	生育保险							
	工会经费							
	教育经费							
	折旧费							
	运输费							
	广告费							
	差旅费							
	其他							
管理费用								
	工资及福利费							
	公积金							
	医疗保险							
	养老保险							
	工伤保险							
	生育保险							
	工会经费							
	教育经费							
	折旧费							
	无形资产摊销							

续表

总账科目	二级明细科目	三级明细科目	期初余额		本年累计发生额		年末余额	
			借方	贷方	借方	贷方	借方	贷方
	业务招待费							
	差旅费							
	其他							
财务费用								
	利息							
	现金折扣							
	手续费							
资产减值损失								
公允价值变动收益								
投资收益								
营业外收入								
	罚款及赔偿所得							
	现金盘盈							
	其他							
营业外支出								
	处置非流动资产净损失							
	罚款支出							
	捐赠支出							
	其他							
所得税费用								

续表

总账科目	二级明细科目	三级明细科目	期初余额		本年累计发生额		年末余额	
			借方	贷方	借方	贷方	借方	贷方
损益小计								
生产成本								
	A 型数控机床							
		直接材料						
		直接人工						
		制造费用						
	B 型数控机床							
		直接材料						
		直接人工						
		制造费用						
	辅助生产费用							
制造费用								
	机加工车间							
		工资及福利费						
		公积金						
		医疗保险						
		养老保险						
		工伤保险						
		生育保险						
		工会经费						

续表

总账科目	二级明细科目	三级明细科目	期初余额		本年累计发生额		年末余额	
			借方	贷方	借方	贷方	借方	贷方
		教育经费						
		低值易耗品摊销						
		折旧费						
		辅助生产费用						
		其他						
	装配车间							
		工资及福利费						
		公积金						
		医疗保险						
		养老保险						
		工伤保险						
		生育保险						
		工会经费						
		教育经费						
		低值易耗品摊销						
		折旧费						
		辅助生产费用						
		其他						
成本小计								
总　计								

第三节　财务报表

一、资产负债表

资产负债表

填报日期:20×5年12月31日

会企01表

单位:元

编制单位:祥瑞制造有限责任公司

资　产	行次	期末余额	年初余额	负债及所有者权益（或股东权益）	行次	期末余额	年初余额
流动资产:	1			流动负债:	32		
货币资金	2			短期借款	33		
交易性金融资产	3			交易性金融负债	34		
应收票据	4			应付票据	35		
应收账款	5			应付账款	36		
预付款项	6			预收款项	37		
应收利息	7			应付职工薪酬	38		
应收股利	8			应交税费	39		
其他应收款	9			应付利息	40		
存货	10			应付股利	41		
一年内到期的非流动资产	11			其他应付款	42		
其他流动资产	12			一年内到期的非流动负债	43		
流动资产合计	13			其他流动负债	44		
非流动资产:	14			流动负债合计	45		
长期应收款	15			非流动负债:	46		
长期股权投资	16			长期借款	47		
投资性房地产	17			应付债券	48		
固定资产	18			长期应付款	49		
在建工程	19			专项应付款	50		
工程物资	20			预计负债	51		
固定资产清理	21			递延所得税负债	52		
生产性生物资产	22			其他非流动负债	53		
油气资产	23			非流动负债合计	54		
无形资产	24			负债合计	55		
开发支出	25			所有者权益(或股东权益):	56		
商誉	26			实收资本(或股本)	57		
长期待摊费用	27			资本公积	58		
递延所得税资产	28			其他综合收益	59		
其他非流动资产	29			盈余公积	60		
非流动资产合计	30			未分配利润	61		
				所有者权益(或股东权益)合计	62		
资产总计	31			负债及所有者权益(或股东权益)总计	63		

单位负责人:　　　　财务负责人:　　　　制表:

二、利润表

利润表

20×5 年度

会企 02 表

编制单位:祥瑞制造有限责任公司　　单位:元

项　目	行次	本期金额	上期金额
一、营业收入	1		
减:营业成本	2		
税金及附加	3		
销售费用	4		
管理费用	5		
财务费用	6		
资产减值损失	7		
加:公允价值变动收益(损失以"—"号填列)	8		
投资收益(损失以"—"号填列)	9		
其中:对联营企业和合营企业的投资收益	10		
二、营业利润(亏损以"—"号填列)	11		
加:营业外收入	12		
减:营业外支出	13		
三、利润总额(亏损总额以"—"号填列)	14		
减:所得税费用	15		
四、净利润(净亏损以"—"号填列)	16		
五、其他综合收益的税后净额	17		
(一)以后不能重分类进损益的其他综合收益	18		
(二)以后将重分类进损益的其他综合收益	19		
六、综合收益总额	20		
七、每股收益	21		
(一)基本每股收益	22		
(二)稀释每股收益	23		

单位负责人:　　财务负责人:　　制表:

三、现金流量表

现金流量表

会企 03 表

编制单位:祥瑞制造有限责任公司　　20×5 年 12 月　　单位:元

项　目	行次	金额	补充资料	行次	金额
一、经营活动产生的现金流量			1. 将净利润调节为经营活动现金流量		
销售商品、提供劳务收到的现金	1		净利润	36	
收到的税费返还	2		加:资产减值准备	37	
收到的其他与经营活动有关的现金	3		固定资产折旧	38	
经营活动现金流入小计	4		无形资产摊销	39	
购买商品、接受劳务支付的现金	5		长期待摊费用摊销	40	
支付给职工以及为职工支付的现金	6		处置固定资产、无形资产和其他长期资产的损失(减:收益)	41	
支付的各项税费	7		固定资产报废损失(减:收益)	42	
支付的其他与经营活动有关的现金	8		公允价值变动损益(减:收益)	43	
经营活动现金流出小计	9		财务费用	44	
经营活动产生的现金流量净额	10		投资损失(减:收益)	45	
二、投资活动产生的现金流量			递延所得税资产减少(减:增加)	46	
收回投资收到的现金	11		递延所得税负债增加(减:减少)	47	
取得投资收益收到的现金	12		存货的减少(减:增加)	48	
处置固定资产、无形资产和其他长期资产收回的现金净额	13		经营性应收项目的减少(减:增加)	49	
处置子公司及其他营业单位收到的现金净额	14		经营性应付项目的增加(减:减少)	50	
收到的其他与投资活动有关的现金	15		其他	51	
投资活动现金流入小计	16		经营活动产生的现金流量净额	52	
购建固定资产、无形资产和其他长期资产支付的现金	17				
投资支付的现金	18				
取得子公司及其他营业单位支付的现金净额	19				
支付的其他与投资活动有关的现金	20				
投资活动现金流出小计	21				
投资活动产生的现金流量净额	22		2. 不涉及现金收支的重大投资和筹资活动		
三、筹资活动产生的现金流量			债务转为资本	53	
吸收投资收到的现金	23		一年内到期的可转换公司债券	54	
借款收到的现金	24		融资租入固定资产	55	
收到的其他与筹资活动有关的现金	25				
筹资活动现金流入小计	26				
偿还债务支付的现金	27				
分配股利、利润或偿付利息支付的现金	28		3. 现金及现金等价物净增加情况		
支付的其他与筹资活动有关的现金	29		现金的期末余额	56	
筹资活动现金流出小计	30		减:现金的期初余额	57	
筹资活动产生的现金流量净额	31		加:现金等价物的期末余额	58	
四、汇率变动对现金及现金等价物的影响	32		减:现金等价物的期初余额	59	
五、现金及现金等价物净增加额	33		现金及现金等价物净增加额	60	
加:期初现金及现金等价物余额	34				
六、期末现金及现金等价物余额	35				

第四节 纳税申报表

增值税纳税申报表

（一般纳税人适用）

根据国家税收法律法规及增值税相关规定制定本表。纳税人不论有无销售额，均应按税务机关核定的纳税期限填写本表，并向当地税务机关申报。

税款所属时间：自 20×5 年 12 月 01 日至 20×5 年 12 月 31 日　　填表日期：20×5 年 12 月 31 日　　金额单位：元至角分

纳税人识别号	1 5 0 1 1 3 4 4 5 6 7 2 8 6 7			所属行业：C342		
纳税人名称	祥瑞制造有限责任公司（公章）	法定代表人姓名	李栋梁	注册地址	南海市朝阳区朝阳东街 66 号	生产经营地址：南海市朝阳区朝阳东街 66 号
开户银行及账号	中国工商银行南海市分行 267－50660526	登记注册类型	有限责任公司		电话号码	0561-69986559

	项　目	栏次	一般货物、劳务和应税服务		即征即退货物、劳务和应税服务	
			本月数	本年累计	本月数	本年累计
销售额	（一）按适用税率计税销售额	1				
	其中：应税货物销售额	2				
	应税劳务销售额	3				
	纳税检查调整的销售额	4				
	（二）按简易办法计税销售额	5				
	其中：纳税检查调整的销售额	6				
	（三）免、抵、退办法出口销售额	7			—	—
	（四）免税销售额	8			—	—
	其中：免税货物销售额	9			—	—
	免税劳务销售额	10			—	—
税款计算	销项税额	11				
	进项税额	12				
	上期留抵税额	13				—
	进项税额转出	14				
	免、抵、退应退税额	15			—	—
	按适用税率计算的纳税检查应补缴税额	16			—	—
	应抵扣税额合计	17＝12＋13－14－15＋16		—		—
	实际抵扣税额	18（如 17＜11，则为 17，否则为 11）				
	应纳税额	19＝11－18				
	期末留抵税额	20＝17－18				—
	简易计税办法计算的应纳税额	21				
	按简易计税办法计算的纳税检查应补缴税额	22			—	
	应纳税额减征额	23				
	应纳税额合计	24＝19＋21－23				
税款缴纳	期初未缴税额（多缴为负数）	25				
	实收出口开具专用缴款书退税额	26			—	—
	本期已缴税额	27＝28＋29＋30＋31				
	①分次预缴税额	28		—		—
	②出口开具专用缴款书预缴税额	29		—	—	—
	③本期缴纳上期应纳税额	30				
	④本期缴纳欠缴税额	31				
	期末未缴税额（多缴为负数）	32＝24＋25＋26－27				
	其中：欠缴税额（≥0）	33＝25＋26－27		—		—
	本期应补（退）税额	34＝24－28－29	96 292.50	—		—
	即征即退实际退税额	35	—	—		
	期初未缴查补税额	36			—	—
	本期入库查补税额	37			—	—
	期末未缴查补税额	38＝16＋22＋36－37			—	—

授权声明

如果你已委托代理人申报，请填写下列资料：

为代理一切税务事宜，现授权

（地址）　　　　为本纳税人的代理申报人，任何与本申报表有关的往来文件，都可寄予此人。

授权人签字：

申报人声明

本纳税申报表是根据国家税收法律法规及相关规定填报的，我确定它是真实的、可靠的、完整的。

声明人签字：李栋梁

主管税务机关：　　　　接收人：　　　　接收日期：

地方税(费)综合申报表

填报日期:20×5 年 12 月 31 日　　　　　　　　　　　　　　　　　　　金额单位:人民币元

身份识别	①纳税人☑		②扣缴义务人		③委托代征人□	
编　码	150113445672867		名　称	祥瑞制造有限责任公司		
地　址	南海市朝阳区朝阳东街 66 号	行业类别	制造业	注册类型	有限责任公司	
开户银行	中国工商银行南海市分行	银行账号	267－50660526	电　话	0561－69986559	
主管机关	南海市地税局第四分局		税务管理人员		李亚明	

税(费)种	税目	税(费)款所属时间	计税(费)依据或课税(费)数量	税(费)率或单位税(费)额	本期应纳税(费)额	累计欠缴或已缴税(费)额	减免税(费)额	本期应纳税(费)额合计
城市维护建设税								
教育费附加								

企业所得税	税款所属时间	收入额或利润总额	应税所得率或纳税调整额	应纳税所得额	税率	应纳所得税额	累计欠缴或已缴税额	减免税额	期末应补(退)税额

个人所得税	税款所属时间	所得项目	收入额	应纳税所得额	税率	速算扣除数	应纳税额	已扣缴税额	期末应补(退)税额

授权代理人	(如果你已委托代理人申报,请填写下列资料) 为代理一切税务事宜,现授权______为本人代理申报人。任何与本报表有关的往来文件,都可寄与此人。 授权人签字:________	声明	我声明:此纳税申报表是根据税收法律、法规的规定填报的,我确信它是真实的、可靠的、完整的。 声明人签字:李栋梁

会计主管签字:张　伟　　　　代理申报人签字:　　　　纳税人盖章:(章)

以下由税务机关填写

收到日期		接收人	李亚明	审核日期		税务机关盖章
审核记录	完税证号: 审核人签字:					

注:本表一式二联,第一联为申报联,税务机关审核后退还纳税人,第二联为收执联,由主管税务机关存档。

中华人民共和国企业所得税年度纳税申报表(A类)

税款所属期间:20×5年01月01日至20×5年12月31日

纳税人名称:祥瑞制造有限责任公司

纳税人识别号:150113445672867

金额单位:元(列至角分)

类别	行次	项　目	金　额
利润总额计算	1	一、营业收入(填附表一)	
	2	减:营业成本(填附表二)	
	3	营业税金及附加	
	4	销售费用(填附表二)	
	5	管理费用(填附表二)	
	6	财务费用(填附表二)	
	7	资产减值损失	
	8	加:公允价值变动收益	
	9	投资收益	
	10	二、营业利润	
	11	加:营业外收入(填附表一)	
	12	减:营业外支出(填附表二)	
	13	三、利润总额(10+11-12)	
应纳税所得额计算	14	加:纳税调整增加额(填附表三)	
	15	减:纳税调整减少额(填附表三)	
	16	其中:不征税收入	
	17	免税收入	
	18	减计收入	
	19	减、免税项目所得	
	20	加计扣除	
	21	抵扣应纳税所得额	
	22	加:境外应税所得弥补境内亏损	
	23	纳税调整后所得(13+14-15+22)	
	24	减:弥补以前年度亏损(填附表四)	
	25	应纳税所得额(23-24)	
应纳税额计算	26	税率(25%)	
	27	应纳所得税额(25×26)	
	28	减:减免所得税额(填附表五)	
	29	减:抵免所得税额(填附表五)	
	30	应纳税额(27-28-29)	
	31	加:境外所得应纳所得税额(填附表六)	
	32	减:境外所得抵免所得税额(填附表六)	
	33	实际应纳所得税额(30+31-32)	
	34	减:本年累计实际已预缴的所得税额	
	35	其中:汇总纳税的总机构分摊预缴的税额	
	36	汇总纳税的总机构财政调库预缴的税额	
	37	汇总纳税的总机构所属分支机构分摊的预缴税额	
	38	合并纳税(母子体制)成员企业就地预缴比例	
	39	合并纳税企业就地预缴的所得税额	
	40	本年应补(退)的所得税额(33-34)	
附列资料	41	以前年度多缴的所得税额在本年抵减额	
	42	以前年度应缴未缴在本年入库所得税额	

纳税人公章: 经办人:　赵龙 申报日期:20×6年04月15日	代理申报中介机构公章: 经办人及执业证件号码: 代理申报日期:　　年　月　日	主管税务机关受理专用章: 受理人: 受理日期:　　年　月　日

企业所得税年度纳税申报表附表一

收入明细表

填报时间:20×5 年 12 月 31 日　　　　金额单位:元(列至角分)

行次	项　目	金　额
1	一、销售(营业)收入合计(2+13)	
2	(一)营业收入合计(3+8)	
3	1. 主营业务收入(4+5+6+7)	
4	(1)销售货物	
5	(2)提供劳务	
6	(3)让渡资产使用权	
7	(4)建造合同	
8	2. 其他业务收入(9+10+11+12)	
9	(1)材料销售收入	
10	(2)代购代销手续费收入	
11	(3)包装物出租收入	
12	(4)其他	
13	(二)视同销售收入(14+15+16)	
14	(1)非货币性交易视同销售收入	
15	(2)货物、财产、劳务视同销售收入	
16	(3)其他视同销售收入	
17	二、营业外收入(18+19+20+21+22+23+24+25+26)	
18	1. 固定资产盘盈	
19	2. 处置固定资产净收益	
20	3. 非货币性资产交易收益	
21	4. 出售无形资产收益	
22	5. 罚款净收入	
23	6. 债务重组收益	
24	7. 政府补助收入	
25	8. 捐赠收入	
26	9. 其他	

经办人(签章):　　　　法定代表人(签章):

企业所得税年度纳税申报表附表二

成本费用明细表

填报时间:20×5 年 12 月 31 日　　　　金额单位:元(列至角分)

行次	项　目	金　额
1	一、销售(营业)成本合计(2+7+12)	
2	(一)主营业务成本(3+4+5+6)	
3	(1)销售货物成本	
4	(2)提供劳务成本	
5	(3)让渡资产使用权成本	
6	(4)建造合同成本	
7	(二)其他业务成本(8+9+10+11)	
8	(1)材料销售成本	
9	(2)代购代销费用	
10	(3)包装物出租成本	
11	(4)其他	
12	(三)视同销售成本(13+14+15)	
13	(1)非货币性交易视同销售成本	
14	(2)货物、财产、劳务视同销售成本	
15	(3)其他视同销售成本	
16	二、营业外支出(17+18+……+24)	
17	1. 固定资产盘亏	
18	2. 处置固定资产净损失	
19	3. 出售无形资产损失	
20	4. 债务重组损失	
21	5. 罚款支出	
22	6. 非常损失	
23	7. 捐赠支出	
24	8. 其他	
25	三、期间费用(26+27+28)	
26	1. 销售(营业)费用	
27	2. 管理费用	
28	3. 财务费用	

经办人(签章):　　　　法定代表人(签章):

企业所得税年度纳税申报表附表三

纳税调整项目明细表

填报时间:20×5 年 12 月 31 日　　　　金额单位:元(列至角分)

	行次	项　目	账载金额	税收金额	调增金额	调减金额
			1	2	3	4
	1	一、收入类调整项目	*	*		
	2	1. 视同销售收入(填写附表一)	*	*		*
#	3	2. 接受捐赠收入	*			*
	4	3. 不符合税收规定的销售折扣和折让				*
*	5	4. 未按权责发生制原则确认的收入				
*	6	5. 按权益法核算长期股权投资对初始投资成本调整确认收益	*	*	*	
	7	6. 按权益法核算的长期股权投资持有期间的投资损益	*	*		
*	8	7. 特殊重组				
*	9	8. 一般重组				
*	10	9. 公允价值变动净收益	*	*		
	11	10. 确认为递延收益的政府补助				
	12	11. 境外应税所得	*	*	*	
	13	12. 不允许扣除的境外投资损失	*	*		*
	14	13. 不征税收入	*	*	*	
	15	14. 免税收入	*	*	*	
	16	15. 减计收入	*	*	*	
	17	16. 减、免税项目所得	*	*	*	
	18	17. 抵扣应纳税所得额	*	*	*	
	19	18. 其他				
	20	二、扣除类调整项目	*	*		
	21	1. 视同销售成本(填写附表二)	*	*	*	
	22	2. 工资薪金支出				
	23	3. 职工福利费支出				
	24	4. 职工教育经费支出				
	25	5. 工会经费支出				
	26	6. 业务招待费支出				*
	27	7. 广告费和业务宣传费支出	*	*		
	28	8. 捐赠支出				*

续表

	行次	项　目	账载金额	税收金额	调增金额	调减金额
			1	2	3	4
	29	9. 利息支出				
	30	10. 住房公积金				*
	31	11. 罚金、罚款和被没收财物的损失		*		*
	32	12. 税收滞纳金		*		*
	33	13. 赞助支出		*		*
	34	14. 各类基本社会保障性缴款				
	35	15. 补充养老保险、补充医疗保险				
	36	16. 与未实现融资收益相关在当期确认的财务费用				
	37	17. 与取得收入无关的支出		*		*
	38	18. 不征税收入用于支出所形成的费用		*		*
	39	19. 加计扣除	*	*	*	
	40	20. 其他				
	41	三、资产类调整项目	*	*		
	42	1. 财产损失				
	43	2. 固定资产折旧	*	*		
	44	3. 生产性生物资产折旧	*	*		
	45	4. 长期待摊费用的摊销	*	*		
	46	5. 无形资产摊销	*	*		
	47	6. 投资转让、处置所得	*	*		
	48	7. 油气勘探投资				
	49	8. 油气开发投资				
	50	9. 其他				
	51	四、准备金调整项目	*	*		
	52	五、房地产企业预售收入计算的预计利润	*	*		
	53	六、特别纳税调整应税所得	*	*		*
	54	七、其他	*	*		
	55	合　计	*	*		

注：1. 标有*的行次为执行新会计准则的企业填列，标有#的行次为除执行新会计准则以外的企业填列。
2. 没有标注的行次，无论执行何种会计核算办法，有差异就填报相应行次，填*号不可填列。
3. 有二级附表的项目只填调增、调减金额，账载金额、税收金额不再填写。

经办人(签章)：　　　　　　　　　　　　　　　　　法定代表人(签章)：

第五节　财务分析表

一、规模分析表

资产负债表的规模分析表

编制单位：祥瑞制造有限责任公司　　　　金额单位：元

项　目	20×4.12.31	20×5.12.31	增减额	增减率(%)
资产：				
货币资金				
交易性金融资产				
应收票据				
应收账款				
其他应收款				
存货				
流动资产小计				
长期股权投资				
固定资产				
无形资产				
递延所得税资产				
长期资产小计				
资产合计				
负债：				
短期借款				
应付账款				
应付票据				
应付职工薪酬				
应交税费				
应付利息				
其他应付款				

续表

项　目	20×4.12.31	20×5.12.31	增减额	增减率(%)
递延所得税负债				
负债合计				
所有者权益：				
实收资本				
资本公积				
盈余公积				
未分配利润				
所有者权益合计				
负债及所有者权益合计				

利润表的规模分析表

编制单位：祥瑞制造有限责任公司　　　　金额单位：元

项　目	20×4 年	20×5 年	增减额	增减率(%)
营业收入				
营业成本				
税金及附加				
销售费用				
管理费用				
财务费用				
资产减值损失				
公允价值变动收益				
投资收益				
营业利润				
营业外收入				
营业外支出				
利润总额				
所得税费用				
净利润				

二、结构分析表

资产负债表的结构分析表

编制单位:祥瑞制造有限责任公司

项　目	20×4 年度结构(%)	20×5 年度结构(%)	差　异
资产:			
货币资金			
交易性金融资产			
应收票据			
应收账款			
其他应收款			
存货			
流动资产小计			
长期股权投资			
固定资产			
无形资产			
递延所得税资产			
长期资产小计			
资产合计			
负债:			
短期借款			
应付账款			
应付票据			
应付职工薪酬			
应交税费			
应付利息			
其他应付款			
递延所得税负债			

续表

项　目	20×4 年度结构(%)	20×5 年度结构(%)	差　异
负债合计			
所有者权益:			
实收资本			
资本公积			
盈余公积			
未分配利润			
所有者权益合计			
负债及所有者权益合计			

利润表的结构分析表

编制单位:祥瑞制造有限责任公司

项　目	20×4 年度结构(%)	20×5 年度结构(%)	差　异
营业收入			
营业成本			
税金及附加			
销售费用			
管理费用			
财务费用			
资产减值损失			
公允价值变动收益			
投资收益			
营业利润			
营业外收入			
营业外支出			
利润总额			
所得税费用			
净利润			

三、财务比率分析表

偿债能力分析表

编制单位:祥瑞制造有限责任公司

项　目	20×4 年	20×5 年	差　异
短期偿债能力指标:			
流动比率			
速动比率			
现金比率			
长期偿债能力指标:			
资产负债率			
权益乘数			
长期资本负债率			

营运能力分析表

编制单位:祥瑞制造有限责任公司

项　目	20×4 年	20×5 年	差　异
应收账款周转率			
存货周转率			
流动资产周转率			
非流动资产周转率			
总资产周转率			

盈利能力分析表

编制单位:祥瑞制造有限责任公司

项　目	20×4 年(%)	20×5 年(%)	差　异
销售净利率			
总资产净利率			
权益净利率			

杜邦体系综合分析表

编制单位:祥瑞制造有限责任公司

项　目	20×4 年	20×5 年	差　异	对权益净利率的影响
权益净利率				
销售净利率				
总资产周转率				
权益乘数				

参考文献

R EFERENCE

1.《企业会计准则——基本准则》,2014 年 7 月 23 日财政部发布,自发布之日起施行。

2.《企业会计准则——具体准则》,2006 年 2 月 15 日财政部发布,自 2007 年 1 月 1 日起施行;2014 年财政部修订后发布,自 2014 年 7 月 1 日起施行;2017 年财政部重新修订并发布,自 2018 年 1 月 1 日起施行。

3. 陆迎霞. 综合性设计性实训项目建设研究——基于会计学专业审计实训课程[J]. 国际商务财会,2012(6):75—78.

4. 周永凯等. 现代大学教学评价理论与实务[M]. 北京,中国轻工业出版社,2010 年.

5. 朱军,范慧慧. 师生对学生评教指标的关注点[J]. 复旦教育论坛,2012(4).

6. 陆迎霞. 大学课程考试制度研究——基于山西大学商务学院的问卷调查分析[J]. 运城学院学报,2013(4):98—102.

7. 陆迎霞. 审计综合实训课程的学习评价研究[J]. 教育理论与实践(学科版),2014(33):51—53.

8. 中国注册会计师协会. 会计[M]. 北京,中国财政经济出版社,2019 年.

9. 中国注册会计师协会. 税法[M]. 北京,中国财政经济出版社,2019 年.

10. 中国注册会计师协会. 财务成本管理[M]. 北京,中国财政经济出版社,2019 年.